墨香财经学术文库

"十二五"辽宁省重点图书出版规划项目

山西省"1331工程"重点创新团队建设计划
（批准号晋教科〔2017〕12号）资助
山西省高等学校哲学社会科学项目（2020W067）资助
山西财经大学青年科研基金项目（QN-202008）资助

Research on the Economic Consequences of the Third Level of Fair Value Measurement

第三层次公允价值计量的经济后果研究

田 峰◎著

东北财经大学出版社
Dongbei University of Finance & Economics Press
大连

图书在版编目（CIP）数据

第三层次公允价值计量的经济后果研究 / 田峰著. —大连：东北财经大学出版社，2021.1

（墨香财经学术文库）

ISBN 978-7-5654-3993-3

Ⅰ. 第…　Ⅱ. 田…　Ⅲ. 会计计量-研究　Ⅳ. F230.9

中国版本图书馆CIP数据核字（2020）第188100号

东北财经大学出版社出版发行

大连市黑石礁尖山街217号　邮政编码　116025

网　址：http：//www.dufep.cn

读者信箱：dufep @ dufe.edu.cn

大连图腾彩色印刷有限公司印刷

幅面尺寸：170mm×240mm　字数：159千字　印张：11.5　插页：1

2021年1月第1版　　2021年1月第1次印刷

责任编辑：李　栋　周　慧　　责任校对：何　莉　齐　欣

封面设计：冀贵收　　版式设计：钟福建

定价：40.00元

教学支持　售后服务　联系电话：（0411）84710309

如有印装质量问题，请联系营销部：（0411）84710711

序言

随着社会信息化、智能化的不断发展，新业态越来越多，新商业模式层出不穷，投资者决策越来越多地考虑企业发展前景，会计要素的计量越来越多地需要考虑未来因素的影响，公允价值计量特别是第三层次公允价值计量的用武之地越来越多。但是，第三层次公允价值计量充满了会计假设、估计和判断，如何恰当地运用第三层次公允价值计量对于保障会计信息质量越来越重要。但是这个问题尚未引起会计理论界的高度重视。

田峰博士敏锐地抓住了这个重要问题，围绕“第三层次公允价值计量与会计信息质量”进行了深入、全面的研究。他在充分借鉴国内外相关研究成果的基础上，运用我国上市公司年度财务报告披露的公允价值计量信息，从计量主体、运用范围、计量方法、信息披露四个环节观察不同公司运用第三层次公允价值的差异，系统、深入地研究了第三层次公允价值计量实际运用情况对会计信息质量的影响，并深入研究了重要环境变量对上述关系的调节作用，形成了可靠的研究结论。研究结论对于指导公司根据自己的实际情况恰当运用第三层次公允价值计量，对于会计准则制定部门修改完善相关会计准则，保障会计信息的可靠性和相关性，都具有重要的启示意义。

我认为，本书具有如下特点：第一是选题新颖，有重大理论与实践意义；第二是研究内容丰富，富有逻辑性；第三是研究设计比较严密，论证比较充分，研究结论可靠；第四是对研究结论的政策意义挖掘比较充分、准确，对第三层次公允价值计量的准则制定者、实际运用者、生成的会计信息的使用者等相关各方做好相关工作都有较好的启示意义。因此，本书适用于高校会计学专业教师和研究生、会计工作监管部门及其工作人员、会计师事务所及其工作人员，以及企业会计工作者等阅读和参考。

田峰博士 21 岁即考取硕士研究生，在我的指导下，他仅仅用了 5 年时间就高质量地完成了硕士和博士的学习与研究任务，26 岁顺利取得博士学位。在求学期间，他学习异常刻苦、勤奋，克服了很多常人无法克服的困难，取得了今天的成绩实属不易；他乐于助人，待人热情厚道，热心参加集体活动，深受同学和老师的喜爱。因此，我十分高兴作序向各位同仁、朋友推荐田峰博士的这本著作！希望各位读者多多批评指正，以帮助田峰博士不断提高研究质量；我也衷心地希望田峰博士能够在今后的学习和工作中继续努力，不断进取，取得更大的成绩。

吴秋生

2020 年 9 月

前言

自20世纪70年代公允价值计量引入现代会计体系起，美国与我国的公允价值计量发展速度虽有差异，但是发展历程却惊人地相似，均经历了存废的争议或反复，究其原因，主要是人们对引入公允价值计量模式（特别是第三层次公允价值计量模式）是否会降低会计信息质量，心存疑虑。

为了有效运用第三层次公允价值计量模式，保证会计信息的可靠性，提高会计信息的相关性，有必要从理论上论证清楚以下三点：第三层次公允价值计量模式运用对会计信息的可靠性和相关性究竟有什么影响？这种影响是如何产生的？哪些主要环境因素制约着这种影响的产生？

基于以上问题，本书作者从巨潮资讯网手工整理出A股上市公司2014—2019年的第三层次公允价值计量模式信息，其他相关数据从国泰安（CSMAR）数据库中获取，理论分析和实证检验了第三层次公允价值计量模式运用，以及业务外包、运用范围、计量方法、信息披露对会计信息可靠性、相关性的影响。具体研究内容包括：（1）基于会计计量理论、委托代理理论、交易费用理论、资产评估理论等，研究了第三层次公允价值计量模式运用对会计信息可靠性、相关性的影响。(2) 基于比较优势理论、专业化分工理论、市场竞争理论等，研究了第三层次公允价值计量业务外包对会计信息可靠性、相关性的影响，进一步实证检验企业规模对二者关系的调节作用。(3) 基于信息不对称理论、会计职业道德理论、金融理论等，研究了第三层次公允价值计量模式运用范围对会计信息可靠性、相关性的影响，进一步实证检验企业金融化对二者关系的调节作用。(4) 基于资产评估理论、财务管理理论、高层梯队理论等，研究了第三层次公允价值计量模式方法选择对会计信息可靠性、相关性的影响，进一步实证检验 CFO 专业背景对二者关系的调节作用。(5) 基于信号传递理论、信息不对称理论、分析师跟踪理论等，研究了第三层次公允价值信息披露对会计信息可靠性、相关性的影响，进一步实证检验分析师跟踪对二者关系的调节作用。

研究发现：(1) 第三层次公允价值计量模式运用并不影响会计信息的可靠性；在运用第一、二层次公允价值计量的企业中，增加运用第三层次公允价值计量模式对会计信息相关性的提高更显著。(2) 第三层次公允价值计量业务外包降低了会计信息的可靠性，提高了会计信息的相关性。相对于大型企业，在中型企业中上述关系更显著。(3) 第三层次公允价值计量模式运用范围偏离度并不影响会计信息的可靠性，且第三层次公允价值计量模式运用范围偏离行业平均水平时，会计信息的相关性更高。同时，企业的金融化水平与第三层次公允价值计量模式运用范围相匹配时，会计信息的相关性更高。(4) 第三层次公允价值计量模式方法选择并不影响会计信息的可靠性，且相对于成本法，运用市场法、收益法计量第三层次公允价值计量模式能够显著提高会计信息相关性。同时，CFO 的财会专业背景能够增强运用收益法计量第三层次公允价值会计信息的相关性。(5) 第三层次公允价值信息披露充分性并不影响会计信息的可靠性，但提高了会计信息相关性，且主要通过第三层次公允价值项目与金额信息、估值技术、不可观察输入值量化信息、输入值来源、调节信息、敏感性分析等信息的披露，提高会计信息的相关性。同时，分析师跟踪能够增强第三层次公允价值信息披露的会计信息相关性，这种相关性的提高主要是由分析师解读第三层次公允价值不可观察输入值量化信息、调节信息等信息引起的。

本书的研究创新和理论意义主要在于：(1) 论证了第三层次公允价值计量模式运用与会计信息质量的基本关系，丰富了会计信息质量影响因素研究文献，为明确第三层次公允价值计量模式运用的必要性和可行性提供了经验证据，有利于解决已有相关研究存在的争议。(2) 依据第三层次公允价值信息的数据采集、数据加工和信息生成与报告的环节划分，从业务外包、运用范围、计量方法、信息披露等方面，确定了第三层次公允价值计量模式运用影响会计信息质量的机理，为有效运用第三层次公允价值计量模式提供理论依据。(3) 选择影响第三层次公允价值计量模式有效运用的内外部主要环境因素，深入研究这些因素对第三层次公允价值计量模式有效运用的影响方向及其机理，为构建保障第三层次公允价值计量模式有效运用的外部监管体制和内部保障机制提供理论依据。

本书根据研究结论提出了相关政策建议，具有如下现实意义：(1) 有利于人们消除对第三层次公允价值运用有效性的疑虑，为推广第三层次公允价值计量模式提供理论支撑。(2) 有利于企业与社会审计组织、资产评估机构构建有效运用第三层次公允价值计量模式的联动协作机制。(3) 有利于企业依据金融化水平等具体情况，合理确定第三层次公允价值计量模式范围，充分保障会计信息质量。(4) 有利于企业合理选择第三层次公允价值计量模式方法并合理选任CFO。(5) 有利于企业提高第三层次公允价值信息披露的规范性、充分性和完整性，充分发挥分析师跟踪降低信息不对称的作用。

作　者

2020年9月

目录

第1章　绪论

1.1　研究背景与研究意义

1.1.1　研究背景

从20世纪70年代起，会计信息的决策有用观逐渐成为对现代会计目标认识的主流观念。同期，美国爆发了其有史以来罕见的通货膨胀，传统历史成本下的会计计量模式基于投入价值，是一种过去时态、静态的计量属性，并不能公允地反映企业的财务状况和经营成果，致使会计信息前后各期没有可比性，降低了会计信息的决策有用性，上述通货膨胀的爆发对会计长期以来的历史成本计量模式提出了挑战。随之，收入费用观逐步让位于资产负债观，公允价值计量被引入现代会计体系（谢志华等，2008）。2006年美国发布公允价值计量准则后，进一步扩大了公允价值计量的运用范围。然而，2008年美国爆发次贷危机，公允价值计量再次被推到风口浪尖，美国政治界和金融界纷纷质疑公允价值计量的可靠性。

自1992年开始建立与市场经济相适应的企业会计准则体系以来，我国公允价值计量也经历了引入、废止、再引入的多次反复，究其原因主要是人们对引入公允价值计量，特别是运用第三层次公允价值是否会降低会计信息质量，心存疑虑。

1992年，我国财政部颁布《企业会计准则》及配套文件，全面引入了公允价值计量的理念。1998年和1999年，我国颁布了关于债务重组、非货币性交易（后称“非货币性资产交换”）、投资的三项具体会计准则，开始具体运用公允价值计量。随后，由于运用公允价值计量导致企业利润操纵案件频频发生，例如厦门国泰、福建福联、新亚股份、华晨集团、深华源等上市公司在债务重组中频频借助公允价值计量“起死回生”，因此2001年我国废止了有关公允价值计量的准则。然而同一时期，美国通过了关于会计和公司治理改革的《萨班斯-奥克斯利法案》（Sarbanes-Oxley Act，简称《萨班斯法案》），国际会计准则理事会（IASB）和美国财务会计准则委员会（FASB）也在努力推动实务界对公允价值计量的运用，根据公允价值计量中输入值获取方式的不同，其将公允价值计量划分为三个层次，即市价计量、类似项目计量、估价技术计量（张鸣等，2010）。为了实现我国企业会计准则的国际趋同，提高我国经济市场化水平，充分发挥市场在资源配置中的基础性和决定性作用，2006年我国再次引入了公允价值计量。尽管此后爆发了金融危机，公允价值计量的有效性再次受到人们的质疑（黄世忠，2009），但这一次我国依然坚持了公允价值计量模式，并于2014年首次发布专门的公允价值具体会计准则《企业会计准则第39号——公允价值计量》，对公允价值的计量、运用和披露进行了全面规范。

据我们整理的数据显示，2014年我国仅有98家上市公司运用过第三层次公允价值，2017年则增长到180家[①]。2017年3月，财政部修订发布了《企业会计准则第22号——金融工具确认和计量》、《企业会计准则第23号——金融资产转移》和《企业会计准则第24号——套期会

① 此处收集整理的第三层次公允价值计量模式运用企业包括金融企业、ST和PT企业等。

计》等三项具体会计准则，全面引入了第三层次公允价值计量模式。

尽管公允价值计量特别是第三层次公允价值计量模式的实际运用发展迅速，但是部分学者对公允价值分层计量信息，特别是第三层次公允价值计量模式信息的质量仍心存疑虑（邓永勤、康丽丽，2015；蔡利等，2018）。他们认为，由于第三层次公允价值计量模式在运用中涉及大量主观判断和估计，可能为管理层提供了较大的自由裁量权，从而有可能增加其盈余管理的机会（Dechow，2010；胡奕明、刘奕均，2012）。而且第三层次公允价值计量模式的计量结果难以验证，因而人们对其计量可靠性存疑（许新霞，2011）。那么，第三层次公允价值计量模式的运用是否在提高会计信息相关性的同时，降低了会计信息的可靠性？

独立性是保证第三层次公允价值计量模式可靠性的前提条件，也是避免企业管理层操纵价值估测的重要手段。但是，企业受限于管理动机、资金预算等约束，往往并非由外部独立的第三方评估机构对相关资产或负债进行计量，而是由企业内设部门来完成（盛明泉，2011）。那么，企业是否存在由自己计量，以方便进行盈余管理的倾向呢？相对于企业内设部门，第三方评估机构更具有专业性（徐玉德，2009），这种专业性能否使其在第三层次公允价值计量模式中，充分提高会计信息的相关性？此外，一般而言，相对于中小型企业，大型企业资金预算更加充裕，那么在决定是否将第三层次公允价值计量业务外包出去时，企业规模起到什么作用？

第三层次公允价值计量模式只可应用于合适的范围（吴秋生、田峰，2018）。我国《企业会计准则第39号——公允价值计量》对第三层次公允价值计量模式的运用范围作出如下说明：企业只有在相关资产或负债不存在市场活动或者市场活动很少，导致相关可观察输入值无法取得或其取得不切实可行的情况下，才能使用第三层次公允价值。那么，企业扩大或缩小第三层次公允价值计量模式的运用范围，是出于业务计量的合理需要，还是人为的盈余管理？据统计，企业运用第三层次公允价值计量模式的项目与企业的金融资产高度重合，那么企业的第三层次公允价值计量模式运用范围是否与其金融化水平相匹配，进而实现提高其会计信息相关性的目标？

《企业会计准则第39号——公允价值计量》规定，第三层次公允价值计量模式可供使用的估值技术包括市场法、收益法和成本法。第三层次公允价值计量模式备受质疑的原因在于，第三层次公允价值计量模式的估值技术、数据来源以及估值模型的选择，可能会损害会计信息的可靠性。王仲兵（2011）发现企业管理层有高估值的估值技术选择倾向。那么，不同的估值技术如何影响会计信息质量？CFO的专业背景又如何影响这一关系？

第三层次公允价值会计信息质量的提高依赖于强化相关信息的披露（王雷和李冰心，2018）。目前，理论界和实务界对第三层次公允价值信息披露的质量问题仍存在不小的争议（孙丽影、杜兴强，2008）。显然，仅在表内提供第三层次公允价值单一货币金额是不够的（陆宇建等，2007）。企业应如何披露，披露哪些内容，以提高会计信息质量，无疑是重要的问题。此外，信息不对称程度的降低不仅取决于企业所披露的信息的质量，还取决于分析师的分析与解读（姜付秀等，2016）。分析师的跟踪是否降低了信息不对称，提高了会计信息质量？

为了有效运用第三层次公允价值计量模式，保证会计信息可靠性，提高会计信息相关性，有必要从理论层面论证清楚第三层次公允价值计量模式对会计信息的可靠性和相关性究竟有什么影响。与第三层次公允价值计量模式有关的业务外包、运用范围、计量方法、信息披露等如何影响会计信息的可靠性和相关性？企业规模、金融化水平、CFO专业背景、分析师的跟踪又如何制约着这种影响？

1.1.2 研究意义

（1）理论意义

本书从会计信息可靠性和会计信息相关性两个方面，深入研究了第三层次公允价值计量模式对会计信息质量的影响。具体来看，有以下理论意义：

①丰富会计信息质量影响因素研究文献。

在充分控制影响会计信息可靠性和相关性的各种因素后，以我国2014年以来的A股上市公司数据，实证检验运用第三层次公允价值计量模式对会计信息可靠性和相关性的影响，丰富了会计信息质量影响因素研究的文献。

②揭示第三层次公允价值计量模式对会计信息可靠性和相关性影响的主要机理。

第三层次公允价值计量模式是会计信息系统的一部分，本书依据第三层次公允价值信息的数据采集、数据加工和信息生成与报告的环节划分，从第三层次公允价值计量业务外包、运用范围、计量方法、信息披露等方面研究其对会计信息可靠性和相关性的影响机理，揭示了第三层次公允价值计量模式的运用与会计信息质量之间的内在关系。

③确定影响第三层次公允价值计量模式有效运用的主要环境因素。

详细分析影响会计信息质量因素中那些对第三层次公允价值计量模式运用的有效性有重大或直接影响的主要环境因素，研究它们对第三层次公允价值计量模式运用与会计信息质量关系的制约或调节作用，确定影响第三层次公允价值计量模式有效运用的主要环境因素。

（2）现实意义

第三层次公允价值计量模式与会计信息质量的研究，对于如何有效运用第三层次公允价值计量模式，提高上市公司的会计信息质量具有重要的现实意义。具体来看，其有以下现实意义：

①为推广第三层次公允价值的运用提供理论支撑。

本书从会计信息可靠性和相关性出发，揭示了第三层次公允价值计量模式运用对会计信息质量的影响，有利于消除人们对第三层次公允价值运用有效性的疑虑，为推广第三层次公允价值计量模式提供理论支撑。

②为有效运用第三层次公允价值计量模式提供理论指导。

本书从第三层次公允价值计量业务外包、运用范围、计量方法、信息披露等方面，揭示第三层次公允价值计量模式对会计信息可靠性和相关性影响的主要机理，可以为企业有效运用第三层次公允价值计量模式，提高会计信息质量，提供理论指导。

③为构建第三层次公允价值计量模式有效运用的保障机制提供理论依据。

本书充分分析对运用第三层次公允价值计量模式有重大或直接影响的主要环境因素，研究它们对第三层次公允价值计量模式运用与会计信息质量关系的制约或调节作用，可为构建保障第三层次公允价值计量模式有效运用的外部监管体制和内部治理与管理机制，提供理论指导。

1.2 核心概念界定

1.2.1 会计信息质量的含义与特征

（1）会计信息质量的含义

依据ISO9000相关定义，会计信息质量应是会计信息固有特征满足要求的程度。但是，会计信息应满足谁的要求呢？不同学者分别基于信息监管者、信息使用者的视角给出了定义。有的学者（以质量管理专家克劳斯为代表）站在信息监管者的角度，认为会计信息质量是符合政府监管要求的程度；有的学者（以质量管理专家朱兰为代表）站在信息使用者的角度，认为会计信息质量是满足信息使用者需求的程度，即指会计信息固有的特征满足使用者需求的程度，会计信息固有的特征就是会计信息质量特征。

目前，国内外学者普遍接受并使用的定义是，会计信息质量是会计信息满足明确和隐含需要能力的特征总和。这一定义强调了会计信息质量的高低应根据会计信息所具备的质量特征能否满足人们的需要及其满足的程度来衡量。

（2）会计信息质量特征的含义及属性

会计信息应具备怎样的质量特征呢？我们须首先界定会计信息质量特征的含义。国际会计准则委员会（IASC）（1989）认为会计信息本身所含有的性质（特征）其实就是会计信息质量特征；会计信息质量特征研究课题组（2006）、李端生（2007）、筵海涛（2007）认为会计信息质量特征是一种质量标准或品质要求。综合上述学者的观点可以看出，会计信息质量特征是会计信息具有的某种性质（品质或特征）或满足的某种标准要求，据以对会计信息质量进行评判。

会计信息质量特征有广义、狭义之分。广义的会计信息质量特征包括可靠性、相关性、可理解性、及时性、可比性、重要性、实质重于形式和谨慎性等。狭义的会计信息质量特征则特指可靠性和相关性。会计信息的可靠性和相关性作为会计信息的首要质量特征，与财务会计报告的目标有着直接联系。财务会计报告目标作为财务会计概念框架的逻辑起点，对财务会计要素的确认、计量、记录和报告必将产生决定性的影响，进而直接影响会计信息的结果——会计信息质量。我国《企业会计准则——基本准则》规定，财务会计信息一是要反映管理层受托责任履行情况，即受托责任性；二是要为帮助报告使用者决策提供有用信息，即决策有用性。受托责任性要求会计信息必须真实、客观、公允地反映企业管理层管理责任的履行情况。因此，在受托责任观下，会计信息质量的首要特征是可靠性。决策有用性要求会计信息能够为财务报告使用者提供有用信息，因此，在决策有用观下，会计信息质量的首要特征是相关性。综上所述，狭义的会计信息质量一般特指可靠性和相关性，如图1-1所示。

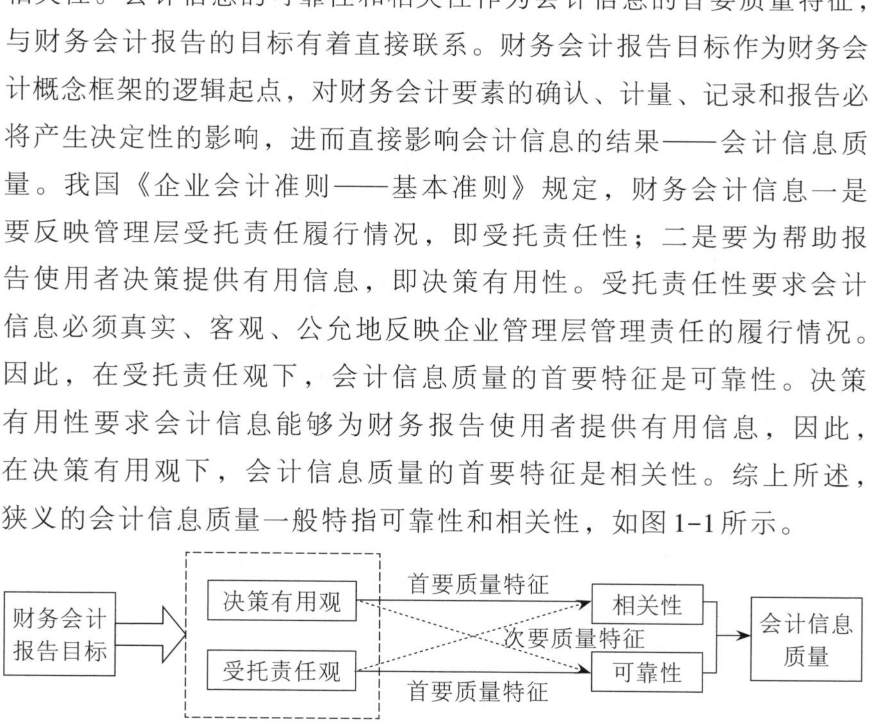

图1-1 会计信息质量与财务会计报告目标

1.2.2 公允价值的含义及相关概念辨析

（1）公允价值的含义

在公允价值相关研究的发展过程中，不同国家在不同时期有着不同的观点，以美国财务会计准则委员会和国际会计准则理事会的相关研究在全球范围内最具影响力，以下以美国财务会计准则委员会和国际会计准则理事会为例，分别介绍其在不同时期有关公允价值定义的演进。本书的研究是以中国公允价值的运用为背景的，故在介绍美国财务会计准则委员会和国际会计准则理事会的过程中，以中国有关公允价值的定义作为补充。

公允价值作为会计学名词最早见于佩顿和利特尔顿（Paton and Littleton，1940）。1952年，埃里克·路易斯·柯勒（Eric L.Kohler）在其编著的《会计辞典》中首次对“公允价值”进行了定义：“公平合理之价值。”美国注册会计师协会（AICPA）所属会计原则委员会（APB）于1970年发布的第4号报告书《企业财务报表的基本概念和会计原则》（APB Statement No.4）中定义：“公允价值是指一项取得资产的含现金作价的交易中所涉及的货币的作价金额，以及一项不含现金或现金要求权的转让行为中转让价格的近似值。”其后，FASB在资产租赁（SFAS13，1976）、资产清偿（SFAS15，1977）、投资（SFAS35，1980）、不动产销售（SFAS67，1982）等具体准则中规定相关业务时介绍了公允价值的定义，并指出其主要包括以下要素：①公平交易的双方或自愿买卖的双方，而非强制性的；②资产的转移或转让；③预期收回金额。随着金融工具的创造、发展，金融工具如何确认、计量与披露，成为会计界亟须解决的问题。1991年FASB在SFAS107中对公允价值进行了如下定义：“在非清算交易或非强制性的即时交易中，自愿的多方之间所拟定的该金融工具的交易金额。”相比之前的概念，交易主体由之前的“双方”变为了“多方”，在评估资产公允价值中引入了第三方。此后，美国在SFAS125（1996）、SFAS133（1998）中，首次引入负债公允价值。2006年，FASB在SFAS157中将公允价值定义为：“计量日市场参与者在有序交易中，出售资产所收到的或转移负债所支付的价格。”其引入了“入手价格”和“脱手价格”的概念，并将公允价值分为三个层次。

国际会计准则委员会（IASC）对公允价值的研究起步较晚，该委员会在1982年提出公允价值的定义。与美国注册会计师协会所属会计原则委员会（APB）的公允价值定义相比，其着重强调了买卖双方。1995年，IASC早于FASB将负债公允价值引入公允价值的定义中，认为公允价值是指在一项公平的交易中，双方了解情况并自愿进行资产交换或负债清偿的交易金额。此后，该委员会对公允价值的定义进行了修订与完善，但是公允价值研究进展缓慢，2011年该委员会颁布了《国际会计报告准则第13号——公允价值计量》(IASB13)，提出公允价值是指在计量日进行的有序交易中，市场多方之间出售一项资产所收到或转移一项负债所支付的价格。该定义与2006年FASB发布的《美国财务会计准则公告第157号——公允价值计量》(SFAS157) 中有关公允价值的定义整体上保持了一致。

我国与西方国家的公允价值运用历程不同，先后经历了引入、废止、又引入的过程。1998年6月，我国在颁布的《企业会计准则第12号——债务重组》中首次引入"公允价值"的概念。随后，颁布的《企业会计准则——投资》《企业会计准则——非货币性交易》中定义的公允价值为："在公平交易中，熟悉情况的交易双方，自愿进行资产交换或债务清偿的金额。"这一概念，与同期西方国家公允价值的概念接近。这是我国为了加入WTO，寻求西方国家承认市场经济地位，与国际会计准则逐步接轨的一次大胆尝试。然而，公允价值的滥用和人为操纵利润情况的频现，导致2001年的《企业会计制度》及修订后的相关会计准则回避了公允价值计量。2006年2月，在参照国际财务报告准则，充分考虑我国特殊国情的基础上，《企业会计准则——基本准则》对公允价值进行了明确的定义，这次定义虽未作出重大改变，但实现了与国际财务报告准则的实质性趋同。2014年，我国颁布的《企业会计准则第39号——公允价值计量》中，对其进行了重新定义，即"公允价值是指市场参与者在计量日发生的有序交易中，出售一项资产所能收到或者转移一项负债所需支付的价格。"此次公允价值定义与SFAS157、IASB13中的公允价值定义保持了一致，推动了我国与国际财务报告准则的持续趋同（肖祯，2015)。

(2) 公允价值和其他计量属性的辨析

会计准则中规定主要有历史成本、重置成本、可变现净值、现值、公允价值五种计量属性。以下就公允价值与其他四种计量属性的区别进行辨析。

历史成本是指资产购入时实际发生的成本或负债产生时的交换价格。公允价值与历史成本的联系在于：在初始计量日，公允价值与历史成本是一致的。真实交易中取得资产时实际支付的代价，以实际支付的成本进行计价入账，这个实际成本在当时是公允价值；负债在取得资产时所欠的债务金额，以实际发生的交换价格进行计价入账，这个交换价格在当时也是公允价值。

公允价值与历史成本的不同在于：从时间上看，历史成本是相关资产或负债在其形成日的价值，属于过去时点的价值，而公允价值则是相关资产或负债的“现时”价值；从计量方法上看，历史成本多以可靠的相关凭据作为支持，而公允价值多数情况下并无实际交易，是以多种相关信息评估确定的；从计量主体上看，公允价值基于市场参与者的视角进行计量，而历史成本则基于企业主体进行计量。

综上所述，历史成本因数据可验证而可靠，因数据获取容易而可行，在传统会计理论中备受推崇。但是，随着金融工具、衍生金融工具的发展，金融工具和衍生金融工具的风险与报酬的不确定性导致了如何确认、计量和报告的问题；知识经济时代，企业的专有性技术以及优质人力资源等如何客观、公允地计量也是历史成本面临的一大挑战。

重置成本是指当下市场环境条件下，购买相同或类似资产需要支付的成本，或偿还某项债务需要支付的代价。公允价值与重置成本的联系在于：从时间上看，公允价值与重置成本都是“现时”的成本；从计量方法上看，二者都以估值为主要方法，而非以真实交易为基础。

公允价值与重置成本的不同在于：从计量的本质属性来看，公允价值更多地强调未来收益与风险，而重置成本强调的是同类资产的重置；从计量主体来看，公允价值基于市场参与者的视角进行计量，而重置成本则基于企业主体进行计量。

根据我国相关准则的规定，可变现净值是指资产达到正常对外销售的情况下的价值，扣除该资产达到完工状态过程中发生的各项成本、费用以及税费等之后的余额。公允价值与可变现净值的联系在于：从计量方法来看，公允价值与可变现净值均是一种假想的交易，以估值技术为主要方法。二者的不同在于：从计量结果来看，公允价值计量过程中一般不考虑变现中发生的直接成本，而可变现净值以假定资产销售作为前提，扣除了变现中可能发生的直接成本，侧重于从补偿方面进行计量；从计量主体来看，公允价值基于市场参与者的视角进行计量，而可变现净值则基于企业主体的视角进行计量。

现值，是指资产的预期使用年限内的现金流入净额的折现金额。现值是未来现金流量的折现金额，在计算中充分考虑了货币的时间价值，具有较强的决策相关性。公允价值与现值的联系在于：公允价值与现值均考虑企业的未来收益和风险。而二者的不同在于：从计量主体来看，公允价值基于市场参与者的视角进行计量，而现值则多数情况下基于企业主体进行计量。

综上所述，从计量主体来看，上述四种计量属性均基于企业主体的角度进行计量，由企业主体采用某种方法或技术，单方面进行计量。公允价值则独立于企业主体，站在市场的角度进行计量（支晓强、童盼，2010），公允价值是熟悉情况的交易双方或多方经过协商形成的价格，这种价格的形成基础是公平、公允，交易双方或多方熟悉情况，而且是在当前的主要市场或最有利市场进行的交易。因此，公允价值强调的是价格形成过程中的公允性（葛家澍，2009）。

从计量属性的确定依据和方法看，前述四种计量属性都有明确的确定依据和方法，但公允价值的确定依据和方法则需要根据交易当时的具体环境和交易各方的意愿具体确定，一般优先认定为同类市价（第一层次公允价值）；没有同类市价但有类似市价的，也可认定为类似市价（第二层次公允价值）；没有市价可以认定的，也可以认定为某一方企业或中介组织测算确定的现值（第三层次公允价值）。

1.2.3 第三层次公允价值的含义及相关概念辨析

（1）第三层次公允价值的含义

《国际财务报告准则第13号——公允价值计量》（IFRS13）、《美国财务会计准则公告第157号——公允价值计量》（SFAS157）、《企业会计准则第39号——公允价值计量》（CAS39）中均对第三层次公允价值作出如下定义："相关资产或负债的不可观察输入值。"一般当不存在活跃市场，或市场交易活动无法形成定价信息时，才可使用第三层次公允价值。第三层次公允价值输入值的获取基于市场参与者假设，计量层次是由估值技术的输入值决定的，并非由计量中企业所选择的估值技术决定。

第三层次公允价值输入值来源于不可观察输入值，由于其在活跃市场中无法获取可靠的定价信息，因而需要使用估值技术进行估值，并将计量结果计入第三层次公允价值。相关会计准则规定，公允价值计量可供使用的估值技术包括市场法、收益法和成本法。胡庭清和谢诗芬（2011）、张国华和曲晓辉（2018）提出，采用市场法、成本法进行估值的前提是市场及市场价格存在，而第三层次公允价值由于不存在活跃市场，其活跃市场价格无法获取，因而第三层次公允价值估值技术无法使用市场法和成本法，以收益法为主要估值技术。

本书认为，第三层次公允价值计量模式可运用市场法、收益法和成本法中的一种方法或多种方法进行组合计量。其一，美国财务报告准则、中国企业会计准则中均规定，企业使用其中一种或多种估值技术计量公允价值时，应重视来源于市场的信息，企业在公允价值计量中涉及不可观察输入值的，应确保估值技术反映了可观察的市场数据。相关会计准则中并未明确规定第三层次公允价值计量模式只能使用收益法。其二，计量第三层次公允价值时，相关会计准则要求，优先使用可合理取得的最佳信息，最小限度地使用企业内部数据，企业在确定相关资产或负债时使用的估计和假设，例如市场利率、外汇汇率、商品价格以及政府或行业统计数据等参数，不可避免地来源于市场或市场价格。换言之，第三层次公允价值估值中，有时甚至同时使用三种方法，以得到一个相对准确的计量结果。因此，本书认为第三层次公允价值计量模式以收益法为主要估值技术，以市场法、成本法作为补充。

（2）可观察输入值与不可观察输入值的辨析

相关会计准则规定，输入值是指市场参与者在给相关资产或负债定价时所使用的假设。根据相关数据是否来源于市场，输入值可分为可观察输入值和不可观察输入值。

可观察输入值是能够从市场数据中取得的输入值。根据市场的活跃程度，这个市场数据可来源于主要市场，也可来源于最有利市场。主要市场是相关资产或负债交易量最大和交易活跃度最高的市场；最有利市场是在考虑交易费用和运输费用后，能够以最高金额出售相关资产或者以最低金额转移相关负债的市场。基于市场可观察输入值形成的计量结果，计入第一、二层次公允价值。

不可观察输入值是指不能从市场数据中取得的输入值。由于主要市场和最有利市场没有相关资产或负债项目的活跃报价，企业需借助估值技术对相关资产或负债项目进行估值，其计量结果计入第三层次公允价值。

（3）第三层次公允价值与第一、二层次公允价值的辨析

相关会计准则规定，根据使用的输入值，可将公允价值计量划分为三个层次，即第一、二、三层次公允价值。计量层次的确定是由估值技术的输入值决定的。

当相关资产或负债在活跃市场上存在未经调整的报价时，应将其直接计入第一层次公允价值，其中的“活跃市场”指的是市场中的交易量和交易频率足以持续地对资产或负债进行定价。

当相关资产或负债存在直接或间接可观察的输入值时，应将其计入第二层次公允价值。其中，可观察输入值可来源于活跃市场，可来源于非活跃市场，还可来源于经过验证的市场数据。以第二层次公允价值计量的资产或负债，主要存在于以下四种情形中：其一，在活跃市场上没有相同的资产或负债，结合企业的资产或负债情况，对同类项目的报价进行调整。其二，交易市场中有相同的资产或负债，但交易量和交易频率不足以对资产或负债进行持续定价，从而无法形成定价信息，可对非活跃市场的相同资产或负债的报价信息进行调整。其三，交易市场不存在相同资产或负债，但存在同类资产或负债。同时，交易市场是非活跃市场，可对非活跃市场的同类项目报价信息进行调整。其四，相关资产或负债存在经过市场验证的数据，可将市场验证数据作为输入值。

当相关资产或负债无法从市场数据中获取可观察输入值时，就需要运用估值技术对相关资产或负债进行估值，计入第三层次公允价值。其

主要用于无法基于市场数据对相关项目进行可靠计量时，采用估值技术对相关项目的价值进行估计。

从以上内容可看出，第一、二层次公允价值计量，要求相关资产或负债的价值确定过程中，相关输入值必须来源于市场数据。而第三层次公允价值计量模式，由于相关项目不存在市场数据，因此，需要运用估值技术进行估值。在公允价值计量过程中，资产或负债的计量可能使用了三个层次公允价值输入值中的一个或多个层次输入值，由对计量结果整体而言具有重要意义的输入值所属层次的最低层次决定。例如，我们假定某企业要对其持有的投资性房地产的公允价值进行确定，且该项投资性房地产在活跃市场、非活跃市场中均无相同或类似项目报价，企业决定采用未来现金流量折现模型进行估值，未来现金流量折现模型中的输入值包括未来现金流量、无风险利率、风险报酬率等。其中，未来现金流量采用合同约定的现金流量，其属于第三层次公允价值输入值；无风险利率采用同期国债利率，其属于第一层次公允价值输入值；风险报酬率采用市场上交易的类似项目的可观察回报率，其属于第二层次公允价值输入值。由于未来现金流量对于公允价值计量结果总体而言是重要的，因此，该项投资性房地产的计量结果计入第三层次公允价值。公允价值层次确定路径与估值技术如图1–2所示。

1.2.4 第三层次公允价值计量与会计信息质量的关系

会计准则中规定，相关资产或负债项目不存在可观察输入值时，才可运用第三层次公允价值计量，即相关资产或负债项目不存在可观察输入值，需借助估值技术对相关资产或负债进行估值，由此形成的计量结果属于不可观察输入值，计入第三层次公允价值。

第三层次公允价值计量作为一项特殊的会计核算业务，根据会计信息系统理论，依据第三层次公允价值信息的数据采集、数据加工和信息生成与报告的环节划分，沿着第三层次公允价值谁来计量、在什么范围计量、用什么方法计量、如何输出计量结果的研究逻辑，可将第三层次公允价值计量分为业务外包、运用范围、计量方法、信息披露四个过程，如图1–3所示。

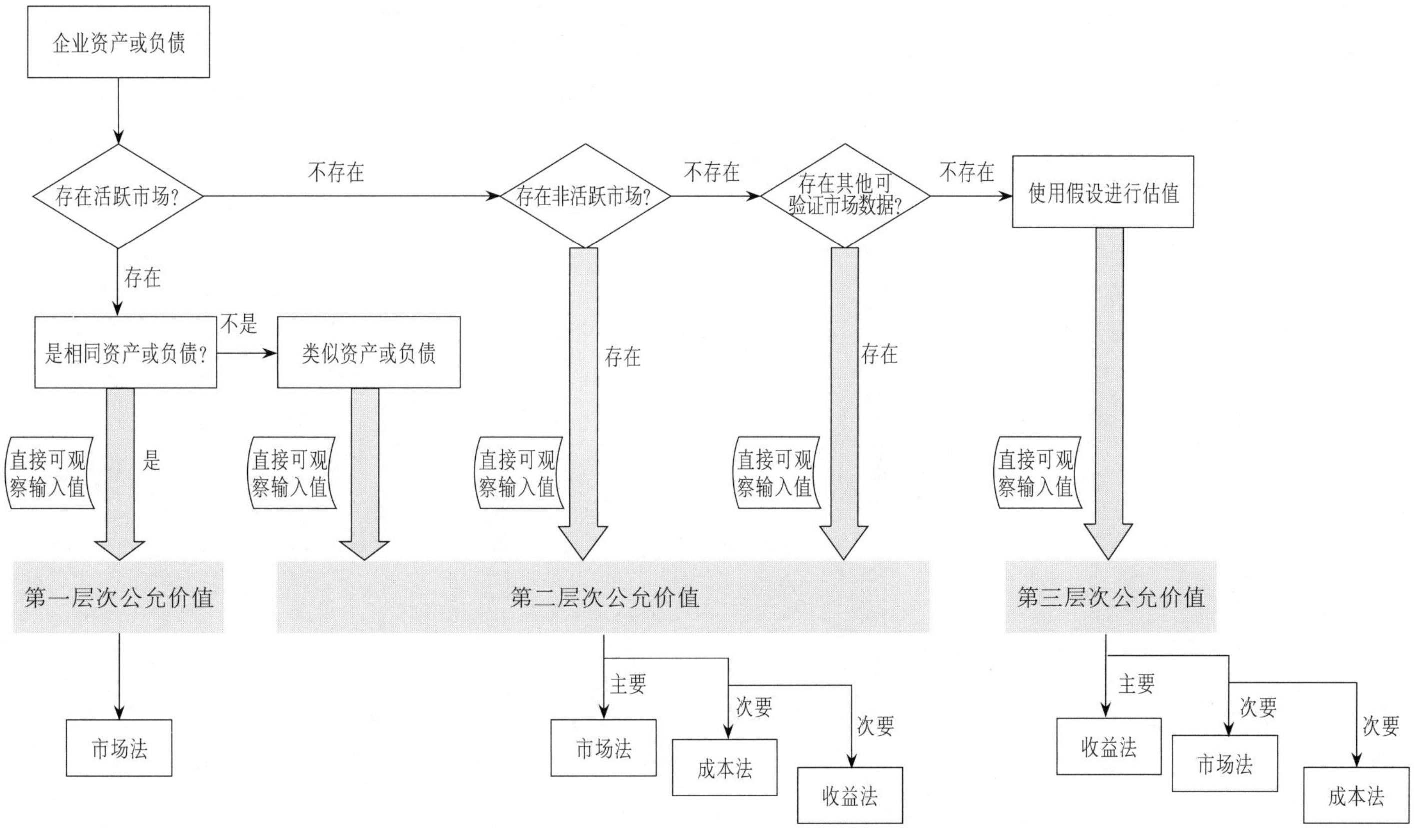

图1-2　公允价值计量层次确定路径与估值技术

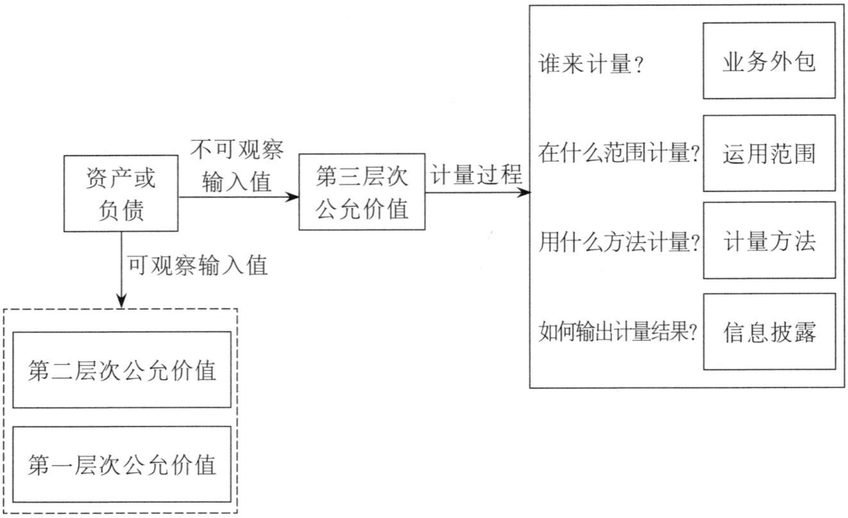

图 1-3 第三层次公允价值计量与会计信息质量的关系

会计作为一个信息系统，经确认、计量、记录和报告形成会计信息，会计信息所具备的质量特征能否满足人们的需要及其满足的程度就是会计信息质量。可见会计信息质量是会计信息的结果评价。

因此，第三层次公允价值计量结果的形成直接影响会计信息质量，而第三层次公允价值的计量结果必然受到其计量过程的影响，包括业务外包、运用范围、计量方法、信息披露等。

1.3 研究目标与研究内容

1.3.1 研究目标

本书采用分组、面板数据回归、倾向得分匹配等研究工具和方法，深入研究了运用第三层次公允价值计量模式的可行性和必要性；在此基础上，分析研究运用第三层次公允价值计量模式的特征变量对会计信息质量的影响，揭示运用第三层次公允价值计量模式影响会计信息质量的机理；最后，分析影响会计信息质量因素中对第三层次公允价值计量模式的运用有效性有重大或直接影响的主要环境因素，研究它们对第三层次公允价值计量模式的运用与会计信息质量关系的制约或调节作用，搭建有效运用第三层次公允价值计量模式的保障理论以及相关体制机制。

为研究第三层次公允价值计量模式对会计信息质量的影响，本书具体的研究目标包括：

（1）弄清运用第三层次公允价值计量模式的可行性和必要性。

运用第三层次公允价值计量模式受到内、外部环境因素的影响，需要在全面、系统地控制这些环境因素的基础上，高度抽象出第三层次公允价值计量模式对会计信息可靠性和相关性的影响及方式。因而，从理论和实证检验中，弄清楚运用第三层次公允价值计量模式的可行性和必要性是本书的研究目标之一。

（2）弄清运用第三层次公允价值计量模式影响会计信息质量的机理。

本书以会计信息系统理论为理论指导，沿着第三层次公允价值谁来计量、在什么范围计量、用什么方法计量、如何输出计量结果的研究逻辑，从第三层次公允价值计量业务外包、运用范围、计量方法、信息披露四个方面，深入研究运用第三层次公允价值计量模式影响会计信息可靠性和会计信息相关性的机理。全面、准确地揭示运用第三层次公允价值计量模式对会计信息质量的影响机理，对于如何有效运用第三层次公允价值计量模式至关重要。因而，弄清运用第三层次公允价值计量模式影响会计信息质量的机理，是本书的研究目标之一。

（3）弄清主要环境因素对第三层次公允价值计量模式与会计信息质量关系的调节作用。

研究对运用第三层次公允价值计量模式的有效性有重大或直接影响的主要环境因素，对于我国提高第三层次公允价值信息质量，识别、控制金融风险具有重要意义。因而，弄清主要环境因素对第三层次公允价值计量模式与会计信息质量关系的调节作用是本书的研究目标之一。

1.3.2 研究内容

本书以我国2014—2019年沪深A股上市公司为研究样本，研究第三层次公允价值计量模式运用对会计信息可靠性和相关性的影响。具体而言，首先高度抽象出运用第三层次公允价值计量模式对会计信息可靠性和相关性的影响（尽可能全面地控制影响会计信息可靠性和相关性的其他因素），运用A股上市公司数据进行实证检验，为确定运用第三层次公允价值计量模式的必要性和有效性提供经验证据；其次，从第三层次公允价值计量模式的业务外包、运用范围、计量方法、信息披露等方面，深入研究第三层次公允价值计量模式对会计信息可靠性和相关性的影响机理，为企业如何有效运用第三层次公允价值计量模式提供理论依据；最后，选择并放开影响第三层次公允价值计量模式与会计信息可靠性和相关性的主要环境因素，研究这些环境因素的影响调节作用，为构建有效运用第三层次公允价值计量模式的保障机制提供理论依据。其具体包括以下内容：

（1）第三层次公允价值计量模式运用与否对会计信息质量的影响。

基于会计计量理论、委托代理理论、交易费用理论、资产评估理论等理论，从理论上分析运用第三层次公允价值计量模式对会计信息可靠性与相关性的影响。在此基础上，全面梳理会计信息可靠性和相关性的影响因素（除运用第三层次公允价值计量模式之外），对这些影响因素进行合理分类，以此作为公司内部特征与外部环境的特征变量。依据公司的特征变量，应用倾向得分匹配方法（PSM），实证检验运用第三层次公允价值计量模式的必要性和可行性，即运用第三层次公允价值计量模式是否实现了我国当初引入第三层次公允价值计量模式的初衷——保证会计信息可靠性和提高会计信息相关性。

（2）第三层次公允价值计量业务外包对会计信息质量的影响机理。

基于比较优势理论、专业化分工理论等理论，分析第三层次公允价值计量业务外包对会计信息质量的影响，并实证检验计量业务外包与否与会计信息可靠性、会计信息相关性的关系。进一步地，基于市场竞争理论，实证检验了企业规模对第三层次公允价值计量业务外包与会计信息可靠性、会计信息相关性的调节作用。

（3）第三层次公允价值运用范围对会计信息质量的影响机理。

基于信息不对称理论、会计职业道德理论等，分析第三层次公允价值运用范围对会计信息质量的影响。根据《上市公司行业分类指引》（2012年修订），将上市公司按照归属的大类分组计算第三层次公允价值运用范围偏离度，并实证检验第三层次公允价值运用范围的偏离度与会计信息可靠性、会计信息相关性的关系。进一步地，基于金融理论，实证检验企业金融化对第三层次公允价值运用范围偏离度与会计信息相关性的调节作用。

（4）第三层次公允价值计量模式方法选择对会计信息质量的影响机理。

基于资产评估理论、财务管理理论等，分析第三层次公允价值不同的计量方法对会计信息质量的影响，并实证检验计量方法与会计信息可靠性、会计信息相关性的关系。进一步地，基于高层梯队理论，实证检验CFO专业背景对第三层次公允价值计量模式方法与会计信息相关性的调节作用。

（5）第三层次公允价值信息披露充分性对会计信息质量的影响机理。

基于信号传递理论、信息不对称理论等，分析第三层次公允价值信息披露对会计信息质量的影响，实证检验第三层次公允价值信息披露的充分性对会计信息可靠性、会计信息相关性的关系。在此基础上，实证检验第三层次公允价值各项内容披露的充分性对会计信息相关性的影响。进一步地，基于分析师跟踪理论，实证检验其对第三层次公允价值信息披露充分性与会计信息相关性的调节作用。

根据上述研究内容，研究内容框架图如图1-4所示。

1.3.3 研究框架

本书按照“发现问题→总体研究→具体研究→得出结论”的研究思路构建了如下研究框架，如图1-5所示。

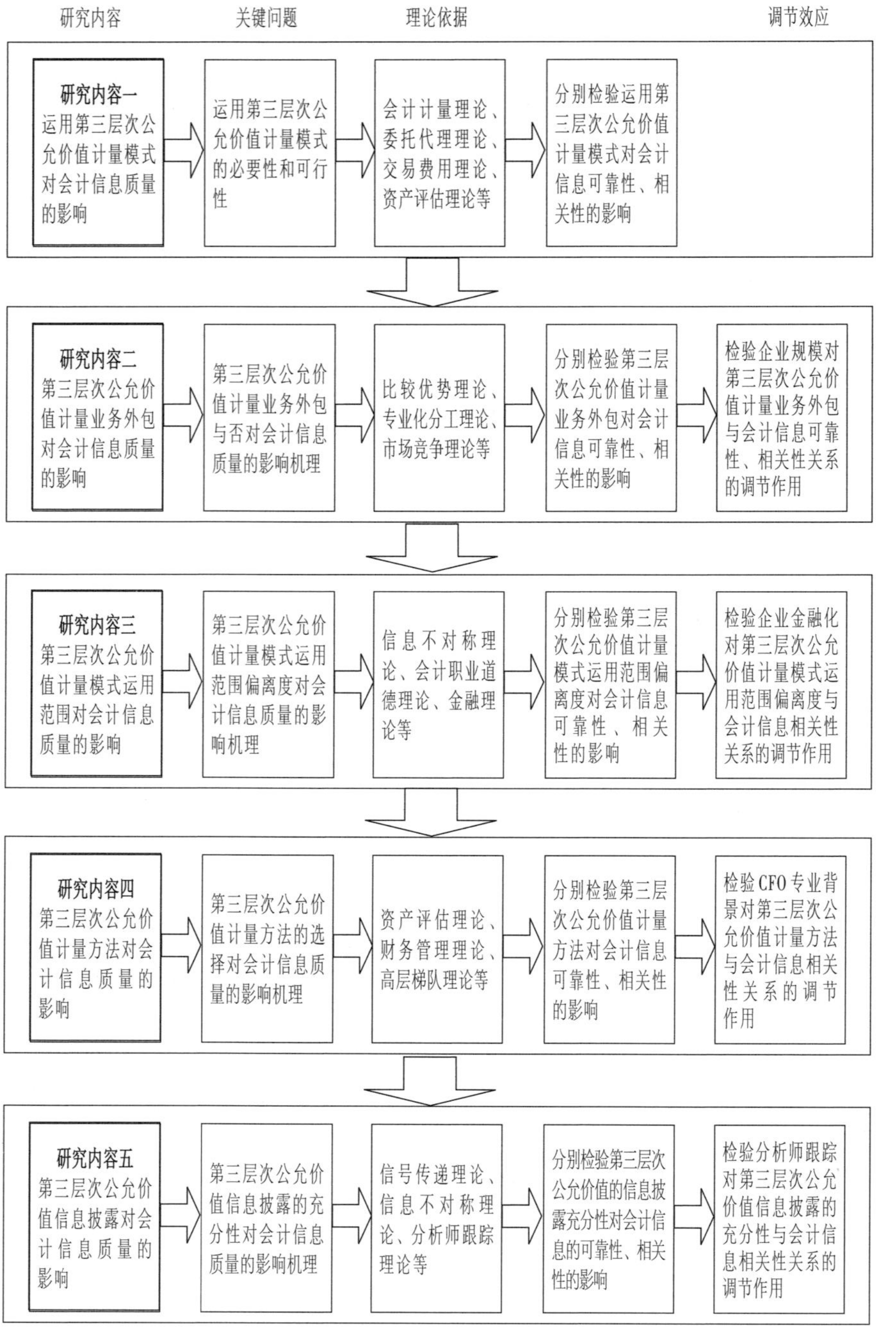

资料来源：本图由作者根据研究内容采用Visio软件绘制所得。

图1-4 研究内容图

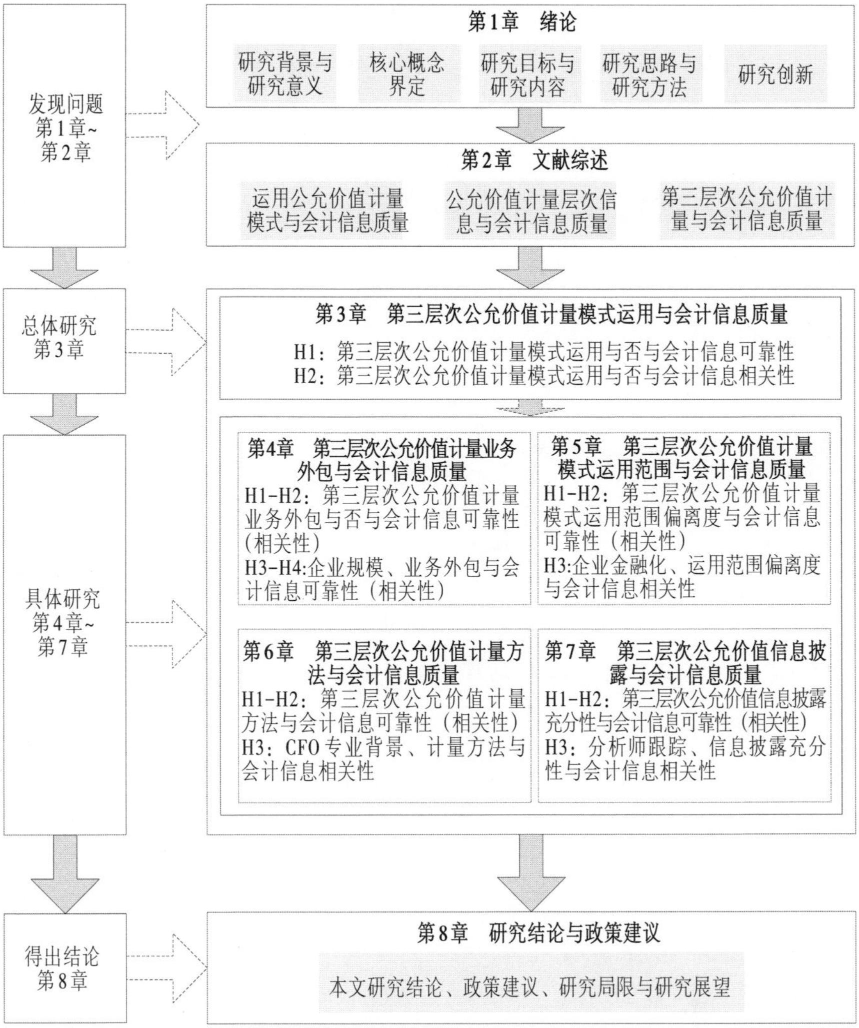

资料来源：本图由作者根据研究设想采用Visio软件绘制所得。

图1-5　研究框架图

1.4　研究思路与研究方法

1.4.1　研究思路

首先，本书手工整理了上市公司财务报表中披露的公允价值计量信息，尤其是计量层次信息，在尽可能全面地控制影响会计信息质量可靠性和相关性的其他因素的基础上，高度抽象出运用第三层次公允价值对会计信息可靠性和相关性的影响，确定运用第三层次公允价值计量模式对会计信息可靠性和相关性的影响。其次，以会计信息系统理论为理论指导，沿着“谁来计量”“在什么范围计量”“用什么方法计量”“如何输出计量结果”的研究逻辑，从第三层次公允价值计量业务外包、运用范围、计量方法及信息披露等方面深入研究运用第三层次公允价值计量模式对会计信息可靠性和相关性影响的机理。进一步地，分析确定影响第三层次公允价值有效运用的主要环境因素，试图从内部治理与管理机制和外部监管体制上保障第三层次公允价值计量模式有效运用，并为此提供经验证据。其具体研究思路如图1-6所示。

值得注意的是，总体研究中，我们发现运用第三层次公允价值计量模式总体上并不影响会计信息的可靠性。在具体研究中，我们仍然从第三层次公允价值计量业务外包、运用范围、计量方法及信息披露等方面研究了第三层次公允价值计量模式运用对会计信息可靠性的影响机理。因为运用第三层次公允价值计量模式总体上并不影响会计信息的可靠性，但具体到某一环节中，运用第三层次公允价值计量模式仍可能影响会计信息的可靠性。因此，我们保留了第三层次公允价值计量业务外包、运用范围、计量方法及信息披露对会计信息可靠性的影响。

1.4.2 研究方法

（1）归纳演绎研究法：本书对会计发展、第三层次公允价值计量模式的发展、运用、监管现状进行了归纳分析；并依据会计计量理论、委托代理理论、交易费用理论、资产评估理论、比较优势理论等理论，对第三层次公允价值计量模式运用与会计信息可靠性、会计信息相关性之间的影响机理进行了理论分析，为后文的实证研究奠定理论基础。

（2）倾向得分匹配法：为了研究运用第三层次公允价值计量模式的效果，同时解决研究中可能存在的内生性问题，本书运用倾向得分匹配

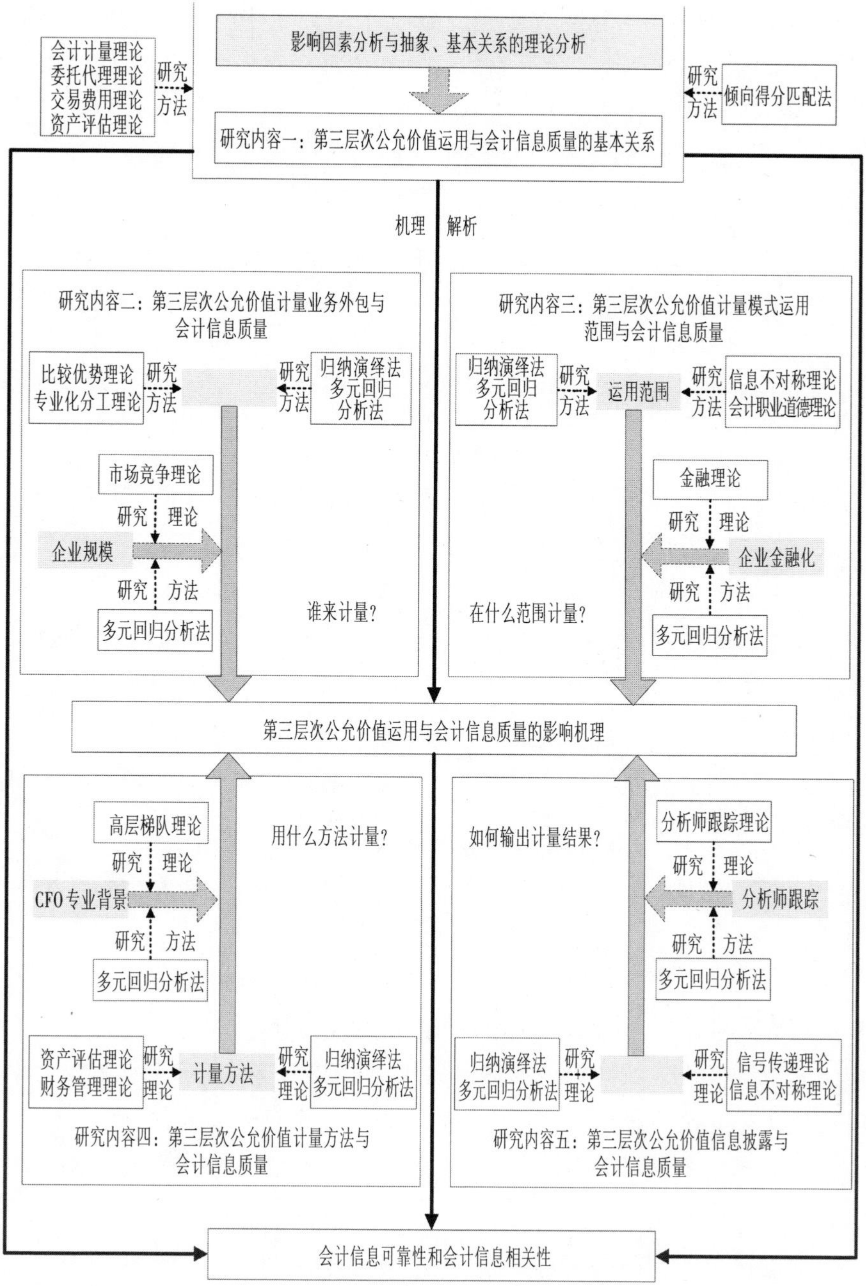

资料来源：本图由作者根据研究思路采用Visio软件绘制所得。

图1-6　研究思路图

法（PSM），将运用第三层次公允价值计量模式的上市公司作为干预组，将未运用第三层次公允价值计量模式的上市公司作为控制组，检验第三层次公允价值计量模式运用对会计信息可靠性和相关性的影响。

（3）多元回归分析法：采用面板数据多元回归实证检验运用第三层次公允价值计量模式对会计信息质量的影响，同时，检验主观能动性因素在运用第三层次公允价值计量模式与会计信息质量间的调节作用，得出相关结论和政策建议。

1.5 研究创新

（1）揭示运用第三层次公允价值计量模式与会计信息质量的基本关系。

本书在已有研究成果的基础上，在充分控制影响会计信息可靠性和相关性的各种因素后，深入研究运用第三层次公允价值计量模式是否保障了会计信息可靠性，提高了会计信息相关性，揭示运用第三层次公允价值计量模式与会计信息质量的基本关系，为明确运用第三层次公允价值计量模式的必要性和可行性提供了经验证据，有利于解决已有相关研究存在的争议。

（2）确定运用第三层次公允价值计量模式影响会计信息质量的机理。

本书从第三层次公允价值计量业务外包、运用范围、计量方法、信息披露等方面研究其对会计信息质量的影响，涵盖了第三层次公允价值信息的数据采集、数据加工和信息生成与报告等全部环节。为有效运用第三层次公允价值计量模式提供了理论依据，使研究更加深入、全面。

（3）明确有效运用第三层次公允价值计量模式的内外部主要影响因素。

本书在合理选择影响有效运用第三层次公允价值计量模式的内外部主要环境因素的基础上，深入研究这些因素对有效运用第三层次公允价值计量模式的影响方向及其机理，可以为构建有效运用第三层次公允价值计量模式的外部监管体制和内部保障机制提供理论依据。

第2章　文献综述

尤金·法玛（Eugene F. Fama）的有效市场理论表明，资本市场越趋向于成熟，对会计信息的需要越强烈。会计作为一个经济信息系统，承载了投资者、管理者、债权人、政府、潜在投资者、中介机构、社区、客户、供应商等信息使用者进行经济决策所需要的主要经济信息。会计信息作为各项经济决策的重要依据，其质量将直接影响信息使用者的经济决策。从20世纪中期开始，西方国家的会计权威机构就开始对会计信息质量的研究给予高度关注，时至今日，会计信息质量研究仍是学者们研究的重点话题，学者们从公允价值计量运用、公允价值计量层次信息对会计信息质量的影响进行了深入研究。目前，学者们开始逐步关注第三层次公允价值计量特征对会计信息质量的影响，并进行了研究。

2.1 运用公允价值计量模式对会计信息质量影响研究综述

2.1.1 公允价值计量模式的总体运用对会计信息可靠性的影响

公允价值计量模式自实施以来就备受争议，争议的焦点在于在提高相关性时，是否损害了会计信息的可靠性（Barth et al.，2008）。对于公允价值信息的可靠性研究，主要有以下两种截然不同的观点：

第一种观点认为估计和假设是会计所固有的，公允价值能在一定程度上满足可靠性的要求（Barth et al.，1994；谢诗芬，2003；黄学敏，2004），部分学者为此提供了经验证据（Barth et al.，2008；吴水澎、牟韶红，2009）。但是，这种会计信息可靠性是在特定项目或特定情况下的，固定资产、投资性房地产的公允价值信息是具有可靠性的，相较于历史成本有更小的偏差（可靠性较强）（Aboody et al.，1999；Dietrich et al.，2000）。

第二种观点目前得到业界大多数人的认可，公允价值会计准则为管理层提供了较大的自由裁量权，在公允价值计量中，涉及诸多主观判断、假设与估计，增加了盈余管理的机会，从而降低会计信息可靠性（Benston，2008；Paananen，2008；Dechow et al.，2010；王建新等，2007；黄霖华等，2017）。上市公司主要通过选择会计政策、安排真实交易、预留诸多利好、金融资产分类、可供出售金融资产项目出售时机选择等手段进行操纵（孙蔓莉等，2010；吴战篪等，2009）。

部分学者进一步研究了环境因素对公允价值计量与会计信息可靠性二者关系的作用，包括外部监管（孙丽影、杜兴强，2008；方媛，2013；毛新述等，2015）、外部评估者专业技能（Nellessen et al.，2010）、治理环境（Song et al.，2010）、市场化进程（葛家澍，2009；钱爱民、朱大鹏，2018）等环境因素。在外部监管方面，毛新述等（2015）研究发现，审慎监管降低了银行业财务报告的稳健性。方媛

（2013）研究发现，采取有效对策比如完善概念框架、建立市场化信息平台、加强信息披露和加强各级监督监管等，能够限制上市公司在公允价值计量下的盈余管理空间。在治理环境方面，Song et al.（2010）研究发现，信息不对称加剧了治理较差公司的公允价值可靠性问题。在市场化进程方面，葛家澍（2009）认为，公允价值计量是以市场为基础的，当市场处于非活跃状态时，可靠性会大大降低。钱爱民、朱大鹏（2018）研究发现，地区市场化水平能够降低企业利用公允价值进行盈余操纵的动机。

2.1.2 公允价值计量模式的总体运用对会计信息相关性的影响

公允价值计量属性追求的是会计信息的相关性（陈骏，2013）。从理论上说公允价值具有增量的价值相关性（葛家澍，2007；Barth，1994；Barth et al.，1996；Richard et al.，2000）。部分学者对此从实证研究的视角进行了验证，实证研究结论主要分为具有增量相关性和不具有增量相关性两种观点。

支持公允价值具有增量信息含量的研究，以Barth（1994）的研究为代表。认为公允价值的引入有助于降低信息不对称，改善市场参与者的投资环境（Muller、Riedl and Sellhorn，2013），在一定程度上提升了财务报告信息的信息含量（Landsman et al.，2002；谭洪涛、蔡春，2009；王建新，2010；刘永泽、孙翯，2011；张烨、胡倩，2007；罗婷等，2008；邓传洲，2005；王玉涛等，2010；胡奕明等，2012）。此后，学者们对不同资产负债项目的会计信息相关性进行了研究，研究发现，以公允价值计量的权益投资、国债投资、证券投资、其他表外金融工具、长期债券、衍生金融工具、投资持有利得或损失、公允价值变动产生的未实现收益、IPO公允价值等具有会计信息相关性（Petroni et al.，1995；Eccher et al.，1995；Barth et al.，1996；邓传洲，2005；张烨、胡倩，2007；曲晓辉、黄霖华，2013）。

部分学者认为公允价值并不具有增量的价值相关性（Barth and Clinch，1998），如贷款、存款、长期债务、表外金融工具的公允价值披露、金融工具、可供出售金融资产公允价值变动调整额及净资产、投资证券的公允价值调整及持有损益、市政债券、企业债券等资产负债项目并不具有显著的解释能力（Nelson，1996；Eccher et al.，1995；Khurana et al.，2003；路晓燕，2008；邓传洲，2005；王玉涛等，2010）。而之所以不具有增量的信息相关性，其原因是，真实的公允价值成为管理层的私有信息，通过交易融入股票价格（黄霖华等，2017），投资者对资产负债项目的市场价值估计发生了偏离（Lys，1996），降低了会计信息相关性。

部分学者进一步研究了环境因素对公允价值计量与会计信息相关性二者关系的作用，包括企业规模（Khurana et al.，2003）、财务状况（Barth et al.，1996）、内部控制（唐凯桃、杨彦婷，2016；彭珏、胡斌，2015）、管理层意图（Beaver et al.，2000；Nissim，2003；邓传洲，2005）、股权结构（黄霖华等，2015；曲晓辉、黄霖华，2013）、董事会独立性（董南雁等，2012）等内部环境因素以及审计质量（贾平、陈关亭，2010）、市场化程度（黄霖华等，2017）、投资者情绪（曲晓辉、黄霖华，2013；黄霖华、曲晓辉，2014；黄霖华等，2015）、信息环境（Marc Steffen Rapp，2010；朱凯等，2008；黄霖华等，2017；吴水澎、牟韶红，2009）、市场波动（胡奕明、刘奕均，2012）、经济周期（杨书怀，2016；庄学敏、罗勇根，2015）等外部环境因素。

其中内部环境因素中，在企业规模研究方面，Khurana et al.（2003）研究发现，在小企业中长期债务和贷款的信息含量更少。在财务状况研究方面，Barth et al.（1996）发现，银行业务越健康，公允价值信息含量越高。在内部控制研究方面，唐凯桃、杨彦婷（2016）研究发现，内部控制可缓解公允价值计量对企业波动的正向影响。在管理层意图研究方面，Beaver et al.（1999）、Nissim（2003）、邓传洲（2005）研究发现，管理层主观判断程度较高时，公允价值信息缺乏增量信息含量。在股权结构研究方面，黄霖华等（2015）发现，股东控制权降低了公允价值信息的相关性。曲晓辉、黄霖华（2013）考察发现机构投资者持股并不影响IPO公允价值信息的含量。在董事会独立性研究方面，董南雁等（2012）研究发现，董事会独立性提高了公允价值计量的价值相关性。

外部环境因素中，在审计质量研究方面，贾平和陈关亭（2010）研究发现，审计质量能加强公允价值计量下会计盈余信息的价值相关性。在市场化程度研究方面，黄霖华等（2017）研究发现，市场发展水平的提高具有提升公允价值会计信息决策有用性的积极作用。在投资者情绪研究方面，曲晓辉和黄霖华（2013）研究发现，在短时间窗口中，投资者情绪与PE公司IPO公允价值信息含量正相关；而在长时间窗口中，投资者情绪则并没有显著影响（黄霖华、曲晓辉，2014）。在信息环境研究方面，Marc Steffen Rapp（2010）、朱凯等（2008）、吴水澎和牟韶红（2009）研究发现，信息不对称程度越高，公允价值信息的相关性越显著。朱松和贾平（2011）研究发现，高质量的信息披露能够使会计信息的价值相关性得到显著提高。黄霖华等（2017）研究发现，信息透明度和分析师关注降低了公允价值的信息相关性。在市场波动研究方面，胡奕明和刘奕均（2012）研究发现，市场波动期的公允价值相关性更高。在经济周期研究方面，杨书怀（2016）研究发现，治理环境可以修正经济下行时公允价值计量对公司价值的负面影响。庄学敏、罗勇根（2015）研究发现，当处于经济衰退期时，公允价值信息与股价的相关性更强。

除此之外，部分学者还从财务报表中不同列报位置的视角，研究了公允价值披露特征对会计信息相关性的影响。李增福等（2013）、徐经长等（2013）、邓娜（2016）研究发现，公允价值在“资本公积”比在利润表下“其他综合收益”中列报的公允价值变动反应更充分。

2.2 公允价值计量层次信息对会计信息质量影响研究综述

2006年9月，FASB发布了第157号财务会计准则（SFAS No.157）《公允价值计量》，在考虑公允价值计量输入值相对可靠程度的基础上，按照优先顺序将输入值划分为三个层次。2014年，我国参照SFAS No.157发布了《企业会计准则第39号——公允价值计量》，进一步引发了学者们对公允价值计量层次信息质量的研究。

2.2.1 公允价值计量层次信息对会计信息可靠性的影响

相关研究多以输入值的来源为起点进行研究，发现第一层次公允价值输入值是未经调整的数值，以第一层次公允价值计量的资产或负债所反映的企业的财务状况更加真实可靠，这已经形成一种共识（Song et al.，2010；余海宗，2014）。而第二、三层次公允价值计量信息存在更多的估计成分，输入值的信息含量相对较低，更容易受到操纵而丧失真实性（郝振平，2010；庄学敏等，2014）。因而，多数学者认为，按第一、二、三层次计量的公允价值，其财务信息透明度逐层降低（Riedl and Serafeim，2011），会计信息可靠性也逐层降低（毛志宏等，2015）。

2.2.2 公允价值计量层次信息对会计信息相关性的影响

美国和我国发布具体准则后，学者们开始更多地关注不同层次计量信息的相关性是否存在差异。研究结果表明，不同层次的信息具有不同程度的价值相关性。Goh et al.（2015）研究发现在估值时会赋予第一、二层次公允价值更高的价值。与之类似，Song等（2010）研究发现第一、二层次公允价值信息的相关性并不存在明显的差异，且均大于第三层次。而邓永勤和康丽丽（2015）、邵莉和吴俊英（2012）、尹宗成和马梦醒（2016）研究均发现，第一层次比第二层次公允价值信息更具增量价值。目前，研究的争议焦点在于第三层次公允价值信息是否具有价值相关性。邓永勤（2015）研究发现，第三层次公允价值信息具有价值相关性，只是低于第一、二层次公允价值信息。而邵莉和吴俊英（2012）、刘宝莹（2014）研究发现，第三层次公允价值信息并不具有显著的价值相关性。

部分学者进一步研究了环境因素对二者关系的作用，包括信息披露、大数据战略等。李庆玲（2016）研究发现，公允价值层次信息规范披露可以显著改善第一层次负债和第三层次资产的价值相关性。郝玉贵等（2018）研究发现，公司采用大数据战略可以显著增强其第一、第二层次公允价值信息的相关性，效果随着计量层次逐渐下降，对第三层次无显著影响。

2.3 第三层次公允价值计量对会计信息质量影响研究综述

SFAS No.157发布以后，对于公允价值分层披露的批评和质疑主要集中在第三层次，其计量运用中存在的问题成为学者们研究的焦点，并取得丰富的成果。以下就第三层次公允价值计量对会计信息质量影响进行综述。

2.3.1 第三层次公允价值计量对会计信息可靠性的影响

从不同计量层次的输入值性质来看，第三层次公允价值输入值的透明度最差（Riedl and Serafeim，2011），因缺乏透明度而致使第三层次公允价值信息可靠性令人担忧（Riedl and Serafeim，2011；Kothari et al.，2009；Hollander et al.，2010）。为提高第三层次公允价值的透明度，SFAS No.157和CAS No.39的报告要求中规定管理者应披露有关第三层次的具体信息。事实上，金融危机中市场条件不断恶化，导致第三层次输入值的透明度下降（Laux and Leuz，2010），使投资者认为管理者利用管理者与投资者间的信息不对称，隐瞒了不利信息（Kothari et al.，2009；Hollander et al.，2010），管理层通过第三层次公允价值估值在假设、估计以及估值技术选择中掌控的相关自由裁量权进行盈余管理，降低了会计信息的可靠性（Song et al.；杨书怀，2013；冉丹，2016；徐虹、林钟高，2008；王文华，2009；占星，2011）。且第三层次公允价值估值技术需要一定的数理统计分析基础，提高了第三层次公允价值的操作难度（徐培红，2006），在规模大的公司，第三层次公允价值估值更可靠（Song et al.，2010）。同时，新会计准则对公允价值层级划分和估值技术方面缺乏具体的指南，增加了企业管理者的盈余管理空间（于永生，2009；郑春美等，2010；王志亮，2010）。

2.3.2 第三层次公允价值计量对会计信息相关性的影响

多数学者认为对财务报告中第三层次公允价值输入值的评价以及对

计量敏感性分析的额外披露能够给投资者带来更多有价值的信息，提高了企业会计信息的相关性（Ryan，2008；Carroll et al.，2003；Riedl and Serafeim，2011）。但部分学者对此并不认可，他们认为第三层次公允价值信息的披露是无效的（刘志远、白默，2011），导致第三层次公允价值信息并不具有相关性。也有学者从不同层次信息的相关性差异角度进行了检验，发现第三层次公允价值信息的相关性弱于第一层次（Song et al.，2010；刘宝莹，2014），但第三层次公允价值与第二层次公允价值是否存在相关性差异尚未形成统一观点（Goh et al.，2009；刘宝莹，2014）。

部分学者进一步研究了环境因素对第三层次公允价值计量与会计信息相关性二者关系的作用。邓永勤和康丽丽（2015）研究发现，信息透明度和信息丰富度能提高第三层次公允价值信息的相关性。庄学敏和罗勇根（2015）研究发现，企业内部控制质量水平能显著增加第三层次公允价值信息的相关性。

2.4 研究述评

从上述文献综述来看，现有文献已对公允价值计量对会计信息可靠性和相关性的影响进行了丰富的研究，上述研究成果为深入研究第三层次公允价值计量模式运用与会计信息可靠性和相关性之间的关系研究提供了良好的研究基础和理论借鉴。然而，现有研究仍存在以下不足需进一步完善：

（1）第三层次公允价值计量对会计信息可靠性和相关性的影响究竟是什么？现有文献已对公允价值计量对会计信息可靠性和相关性的影响进行了丰富研究，但是，公允价值计量尤其第三层次公允价值计量对会计信息可靠性和相关性的影响及方向，尚存在争议。相关研究存在争议的主要原因在于，对由控制变量设定差异、变量之间相互影响等所导致的内生性问题的处理，以及样本选择差异等。为有效保证研究结论的科学性和可靠性，有必要在尽可能全面控制会计信息可靠性和相关性影响的其他因素的基础上，高度抽象出第三层次公允价值计量模式运用对会计信息可靠性和相关性的影响，并恰当处理内生性问题和样本选择问题，以此为基础研究第三层次公允价值计量模式运用是否保障了会计信息可靠性和提高了会计信息相关性。这对正确认识第三层次公允价值计量模式运用的有效性和必要性具有重要意义。

（2）第三层次公允价值计量对会计信息可靠性和相关性影响的主要机理是什么？现有文献中仅有少数文献深入研究了公允价值计量对会计信息可靠性和相关性的影响机理，且相关研究多集中于公允价值在财务报表中的列报位置对会计信息相关性的影响，例如李增福等（2013）、徐经长等（2013）、邓娜（2016）从公允价值在股东权益变动表与利润表中的不同列报位置，研究了公允价值计量总体对会计信息相关性的影响。鲜有文献具体研究第三层次公允价值计量全过程各环节对会计信息可靠性和相关性影响的机理。然而这方面的机理研究恰恰对如何有效运用第三层次公允价值计量模式提升会计信息质量具有重要意义。

（3）影响第三层次公允价值计量模式有效运用的主要环境因素及作用机理是什么？现有文献单个地、分散地研究了环境因素对公允价值计量与会计信息质量的调节作用，且仅有邓永勤和康丽丽（2015）、庄学敏和罗勇根（2015）从信息透明度、信息丰富度、公司内部控制质量方面研究了第三层次公允价值计量对会计信息相关性的影响。尚未有文献全面、系统地分析第三层次公允价值计量过程各环节与会计信息可靠性、相关性关系的主要环境因素。这对构建第三层次公允价值计量模式有效运用的内外部保障机制具有重要意义。

第3章　第三层次公允价值计量模式运用与会计信息质量

在第三层次公允价值计量模式运用过程中，一方面，相关输入值的获取更多地来源于企业内部，且企业估值过程中涉及大量主观判断和估计，可能为企业管理层的盈余管理行为提供了空间，引发了人们对第三层次公允价值信息可靠性的疑虑，即第三层次公允价值计量模式运用是否降低了会计信息的可靠性？另一方面，第三层次公允价值计量引入初衷在于为投资者决策提供更有用的信息，这一初衷是否实现也是人们关注的重点之一，即第三层次公允价值计量模式运用是否提高了会计信息的相关性？为了消除人们对第三层次公允价值计量模式运用有效性的疑虑，以下将从理论角度分析第三层次公允价值计量模式运用与否与会计信息可靠性、相关性的关系，并从实证角度对二者关系进行检验。

3.1 理论分析与研究假设

3.1.1 第三层次公允价值计量模式运用与否与会计信息可靠性

《国际财务报告准则第13号——公允价值计量》（IFRS 13）和《企业会计准则第39号——公允价值计量》（CAS 39）将公允价值划分为三个层次。相对于第一、二层次公允价值计量，第三层次的输入值不能从市场上已有交易中获取相关参数，其来源于市场参与者在现有条件下交易资产或清偿负债所运用的假设，计量结果只能凭借主观估计和推测来完成，使得第三层次公允价值计量的不确定性和主观性更强（杨书怀，2013）。这种主观估计的复杂性和专业性为管理者的盈余管理提供了可操纵的空间，而且第三层次公允价值的虚拟性特征决定了其计量结果难以被市场验证（许新霞，2011），这为管理者的盈余管理行为提供了天然的屏障，管理者在面对股权激励、政治前途、个人声誉等多方面诱惑时，很可能借助在假设、估计以及估值技术选择中掌控的相关自由裁量权进行盈余管理，从而降低了会计信息的可靠性（吴秋生、田峰，2018）。但是，这种可能性是否会变为现实，主要取决于第三层次公允价值计量模式运用的会计准则规制、外部监管及内部控制的有效性。

按照我国《企业会计准则第39号——公允价值计量》的要求，采用第三层次公允价值计量需要披露所使用的估值技术、输入值和估值流程的描述性信息。证监会根据相关信息披露情况，每年向社会发布上市公司年报会计监管报告，揭示上市公司运用第三层次公允价值计量模式时存在的计量方法、信息披露等问题。这些都能提高第三层次公允价值计量信息的透明度，增加管理层借机进行盈余管理行为被发现的风险，有利于保障第三层次公允价值会计信息的可靠性。

已有研究表明，我国企业内部控制环境与内部控制活动可以保障公允价值会计目标的实现，风险管理与信息系统可以保证公允价值的可靠性，监督与反馈机制也可以协助查验公允价值会计活动的真实性与准确性（姬鲁璐等，2012）。依据《审计准则第1322号——公允价值计量和披露的审计》的相关规定，外部审计师需要了解被审计单位第三层次公允价值的计量、披露程序及相关控制活动，评估重大错报风险，特别是考虑估值模型及相关信息系统的更改控制和安全性程序的完整性，控制估值模型中使用数据的一致性、及时性和可靠性，对上市公司第三层次公允价值计量模式内部控制机制的建立形成有效的外部推动力量。此外，越来越多的上市公司和会计师事务所开始聘请独立的专业评估机构来确定第三层次公允价值计量结果，外部评估的专业属性为第三层次公允价值计量的客观性、真实性奠定了基础（徐玉德，2007）。

在会计准则规制、政府监管、内部控制机制建设、外部审计、专业机构评估等因素的共同作用下，上市公司的管理者通过第三层次公允价值计量进行盈余管理的行为得到有效控制，会计信息的可靠性有了更好的保障。

基于此，本书提出如下研究假设H1：

H1：在其他条件不变的情况下，现行监管规制使第三层次公允价值计量模式的运用不影响会计信息的可靠性。

3.1.2 第三层次公允价值计量模式运用与否与会计信息相关性

会计信息的作用是向投资者传递某种有助于判断和估计投资收益的“信号”，而不是经济收益本身（王仲兵，2011），这种决策有用性即相关性是会计信息的基本特征。在公允价值计量中，如果没有同质或相似产品的活跃市场报价，计量就需要采用第三层次公允价值，即利用估值技术将未来金额（例如现金流或收入支出等）转换成现值进行计价，因此，第三层次公允价值取决于未来金额的当前市场预期价值。以收益法估值技术估算的第三层次公允价值，将与资产相关的未来现金流量及所包含的风险以价值计量的方式尽可能多地纳入了财务报告（王志亮、寇超，2010），考虑了资产在未来使用过程中的价值创造，尤其是较为充分地考虑了物价变动水平、货币时间价值等影响因素，更符合资本价值的内涵。由此形成的第三层次公允价值信息，也能更好地帮助现有和潜在的投资者评估企业资产的未来价值，为其提供有用的信息，减少决策的不确定性，促使其作出合理的投资决策。因此，相对于未运用第三层次公允价值计量模式的企业，运用该计量模式的企业的会计信息更能反馈、预测企业相关的资产价值。

企业在披露第三层次公允价值信息时，需要在掌握历史信息的基础上，着眼于未来情况的可靠预测，披露更多有助于现有和潜在的投资者进行决策的预测性信息，例如未来现金流量、风险水平等信息，同时披露报告主体的内部估计和假设等管理层私有信息（王仲兵，2011）。这些增量信息的披露，可以有效缓解投资者与管理者之间的信息不对称，使运用第三层次公允价值计量模式的企业的会计信息相关性更高（吴秋生、田峰，2018）。

更重要的是，随着知识经济浪潮的兴起和金融创新速度的加快，近年来金融创新和业务创新日新月异。在知识经济中，虚拟资产的成本与价格之间的联系被割断，虚拟资产的价值源于其预期收益，而预期收益会随着时间和空间的变化而发生巨大变化，不确定性非常高（陆宇建等，2007），传统历史成本会计无法对其进行计量核算，这就需要使用第三层次公允价值进行确认与计量。在金融创新中，不少衍生金融工具是交易双方先有承诺，条件非常明确，而违约将受到惩罚。此时，交易尚未发生，而交易完成是在未来约定的期限日或某一交割日，在这种情况下，有成交意向的双方（已有确定承诺的合约），在计量日根本没有历史成本可以作为计量的属性，只能也必须估计合约规定的资产出售价格或负债转移（应包括清偿）的支付价格（葛家澍，2007）。因此，第三层次公允价值的运用使许多类似的无法进入会计核算系统但对企业价值估计或判断有重要影响的经济业务能够核算，并提供相关的会计信息（吴秋生、田峰，2018），从而具有增量的会计信息相关性。

基于此，本书提出如下研究假设H2：

H2：在其他条件不变的情况下，第三层次公允价值计量模式的运用具有会计信息相关性。

3.2 研究设计

3.2.1 样本选择与数据来源

2014年1月，我国财政部颁布《企业会计准则第39号——公允价值计量》，其中规定，自2014年7月1日起，在所有执行企业会计准则的企业中强制要求披露公允价值计量层次信息。此前，财政部并未作出相关强制要求，但是部分上市公司自愿披露本公司的公允价值计量层次信息。由于2014年之前披露公允价值计量层次信息的上市公司数量相对较少，同时鉴于数据的获取成本以及本书的研究需要，因而，本书选择2014—2019年沪深两市A股上市公司为初始样本，研究我国A股上市公司第三层次公允价值计量模式运用与否对会计信息质量的影响。

本书通过巨潮资讯网下载我国上市公司年报，手工整理公允价值计量的资产和负债及其计量层次信息，上市公司相关数据均来源于国泰安金融数据库（CSMAR）。本书共搜集整理19 988个初始样本观测值，并依次进行如下处理：①剔除未披露公允价值计量层次信息的样本；②剔除金融行业的样本；③剔除PT和ST特殊处理的样本；④剔除相关财务数据缺失的样本；⑤为了消除异常值的影响，本章对所有连续变量进行了1%和99%的Winsorize缩尾处理。经过筛选，最终获得17 398个样本观测值。本书使用的统计软件为Stata15.0和Excel。

3.2.2 变量定义

（1）会计信息可靠性的测度

现有研究中，主要从盈余质量和信息披露两个视角对会计信息可靠性进行计量评价，见表3-1。

以盈余质量的视角评价会计信息可靠性时，学者们主要从盈余组成部分相互关系、盈余的稳健性、盈余的透明度等角度进行测度，Dechow et al.（2010）对盈余质量相关测度模型进行了综述。其中，盈

表3-1　　　　会计信息可靠性的计量模型

质量特征	评价视角	基础原理	计量模型（或指标）	作者
会计信息可靠性	盈余质量视角	盈余组成部分相互关系	Healy模型	Healy（1985）
			DeAngelo模型	DeAngelo（1986）
			Dechow and Sloan行业模型	Dechow and Sloan（1991）
			Jones模型、修正的Jones模型、截面Jones模型、截面修正Jones模型	Jones（1991）、Dechow et al.（1995）、DeFond et al.（1994）
			DD模型	Dechow et al.（2002）
			业绩控制模型	Kothari（2005）
			宏观盈余管理模型	Leuz et al.（2003）
			操控性应计估计残差	Francis et al.（2005）
		盈余的稳健性	Basu模型	Basu（1997）
			账面市价比法	Beaver et al.（2000）
			盈余应计计量法	Givoly et al.（2000）
			稳健性指数	Penman and Zhang（2002）
		盈余的透明度	盈余激进度、盈余平滑度和损失规避度	Bhattacharya et al.（2003）
			信息披露评价模型	Piechocki（2004）
	信息披露视角	信息披露是否违规	信息披露是否违规	吴国萍等（2008）
		内部控制缺陷	内部控制缺陷	Doyle et al.（2007）、Kam et al.（2008）
		财务报告重大错报	财务报告重述	崔志娟、刘源（2013）
		专业机构信息披露指数	CIFAR信息披露评级、深圳证券交易所信息披露考核评级、AIMR信息披露评级、中国公司信任度指数、标准普尔评级、普华永道不透明度指数等	
		客观性	Ijiri and Jaedicke模型	Ijiri and Jaedicke（1966）

资料来源：作者根据相关文献整理而得。

余组成部分相互关系角度评价会计信息可靠性的基本原理是，应计制下，会计盈余由应计盈余和经营活动现金流量两部分组成，其中，应计盈余由于计量中存在主观假设和估计而易被操纵，而经营活动现金流量由于具有一定的客观性而不易被操纵。因此，可通过比较二者之间的关系来估计盈余管理程度，以此计量会计信息可靠性。盈余管理程度的计量模型有：Healy模型（1985）、DeAngelo模型（1986）、Dechow and Sloan行业模型（1991）、Jones模型（1991）、经Dechow et al.修正的Jones模型（1995）、截面修正Jones模型（DeFond et al.，1994）、DD模型（Dechow et al.，2002）、业绩控制模型（Kothari，2005）、宏观盈余管理模型（Leuz et al.，2003）、操控性应计估计残差（Francis et al.，2005）。盈余的稳健性是指企业的财务会计人员在对好消息确认时，应该比坏消息有更高可证实性的倾向（Basu，1997），稳健性的计量模型主要有账面市价比法（Beaver et al.，2000）、Basu模型（Basu，1997）、盈余应计计量法（Givoly et al.，2000）、稳健性指数（Penman et al.，2002），其中Basu模型常在盈余的稳健性研究中运用。盈余的透明度是指盈余数字能反映企业实际收益的情况（Bhattacharya et al.，2003），一般用盈余激进度、盈余平滑度和损失规避度三个指标来衡量，而后Piechocki（2004）自建信息披露评价模型计量透明度，张信东等（2015）也提出了相关测度模型。

以信息披露的视角评价会计信息可靠性时，计量的方法主要有信息披露是否违规、内部控制缺陷、财务报告是否存在重大错报、专业机构的信息披露指数、Ijiri and Jaedicke模型（1966）。

本书从会计信息的生成着手，以修正的Jones模型作为会计信息可靠性的计量模型，以操纵性应计利润额（DA）作为会计信息可靠性测度指标。因为会计信息的生成质量直接影响会计信息的披露质量、经济后果、外部利用等，从盈余质量的视角测度会计信息可靠性更加合理，而且该方法所需的会计指标也更易获取、收集。此外，在计量会计信息可靠性实践应用中，修正的Jones模型具有较佳的效果，该方法得到的会计信息可靠性评价结论相对稳健、可靠。

借鉴DeFond and Jiambalvo（1994）、陆建桥（1999）、王克敏和王

志超（2007）、张嘉兴和傅绍正（2014）的研究，本书建立如下修正的Jones模型计量会计信息可靠性，如模型（3-1）所示：

$$TA_{i,t}=\alpha_1\frac{1}{A_{i,t-1}}+\alpha_2\frac{(\Delta REV_{i,t}-\Delta REC_{i,t})}{A_{i,t-1}}+\alpha_3\frac{PPE_{i,t}}{A_{i,t-1}}+\alpha_4\frac{IA_{i,t}}{A_{i,t-1}}+\varepsilon_{i,t} \tag{3-1}$$

其中，$TA_{i,t}$表示i公司第t年经资产总额调整过的总应计利润；TA可由$TA_{i,t}=\frac{NI_{i,t}-CFO_{i,t}}{A_{i,t-1}}$计算得出，$NI_{i,t}$表示i公司第t年年末的净利润，$CFO_{i,t}$表示i公司第t年年末的经营活动现金流量净额，$A_{i,t-1}$表示i公司第t-1年年末的资产总额；$\Delta REV_{i,t}$表示i公司第t年和第t-1年间营业收入的差额；$\Delta REC_{i,t}$表示i公司第t年和第t-1年间应收账款的差额；$PPE_{i,t}$表示i公司第t年年末的固定资产总额；$IA_{i,t}$表示i公司第t年年末的其他长期资产和无形资产之和。

本书分行业、分年度对模型（3-1）进行回归，将α_1、α_2、α_3、α_4的估计值$\hat{\alpha}_1$、$\hat{\alpha}_2$、$\hat{\alpha}_3$、$\hat{\alpha}_4$代入模型（3-2）中，计算得出非操纵性应计利润（NDA）：

$$NDA_{i,t}=\alpha_1\frac{1}{A_{i,t-1}}+\alpha_2\frac{(\Delta REV_{i,t}-\Delta REC_{i,t})}{A_{i,t-1}}+\alpha_3\frac{PPE_{i,t}}{A_{i,t-1}} \tag{3-2}$$

其中，$NDA_{i,t}$表示i公司第t年经资产总额调整过的非操纵性应计利润。

本书计算样本公司总应计利润（TA）与非操纵性应计利润（NDA）的差值，从而得出操纵性应计利润（DA），如模型（3-3）所示：

$$DA_{i,t}=TA_{i,t}-NDA_{i,t} \tag{3-3}$$

由于本书只研究盈余管理程度大小，不深入研究盈余管理的操控方向，因此本书采用操纵性应计利润（DA）的绝对值衡量会计信息可靠性。操纵性应计利润（DA）越大，会计信息可靠性越低；反之，会计信息可靠性越高。

（2）会计信息相关性的测度

现有研究中，主要从盈余质量和信息披露两个视角对会计信息相关性进行计量评价。

从盈余质量的视角评价会计信息相关性时，根据盈余的时间序列性质，Schipper and Vincent（2003）提出了持续性、可预测性和可变动性这三个评价盈余质量的标准。其中，盈余持续性的计量主要采用以下方法：时间序列模型分析法、线性一阶自回归模型、基本面分析法（Lev and Thiagarajan，1993）、面板平滑转换回归模型（PSTR）（Cheng and Wu，2013）和盈余反应系数ERC（Chambers and Penman，1984）。其中，基于时间序列模型中的ARIMA模型，后推导出盈余持续性系数PER（Kormendi et al.，1987）、修正系数（Easton et al.，1989）等指标以计量盈余持续性。盈余的可预测性是指过去或现在的盈余信息对未来的盈余具有的预测能力，Cohen et al.（2008）利用时间序列数据，以回归模型残差项的方法衡量盈余可预测性。盈余可变动性的对立面是平稳性，Krishnan and Parsons（2008）、Francis et al.（2004）以盈余的平稳性计量盈余可变动性。

从信息披露的视角评价会计信息相关性时，学者们从信息披露的数量、股票市场的股价反应、股票市场的交易量等角度进行了测度。

从信息披露数量的角度评价会计信息相关性时，一般认为，信息同质的情况下，信息披露的数量和次数越多（Botosan，1997；汪炜、蒋高峰，2004；张潇，2007），会计信息相关性也就越高。具体实证研究中，会计信息相关性的实证研究根据理论不同，大致可分为股价反应、交易量两类。

从股价反应的角度测度计量会计信息相关性研究时，基于股票市场股价反应相关理论，具体可分为四种计量模型：其一，Kormendi et al.（1987）以盈余反应系数（ERC）计量会计信息相关性；其二，Ohlson（1995）从相对相关性的视角进行研究，根据股价和财务变量间的统计关联性，通过时间序列分析得到回归结果的拟合优度R^2计量会计信息的相关性水平；其三，Song（2010）从增量相关性的视角进行研究，发现如果某一财务变量估计量β显著异于0，则该变量（或该信息）具有增量的信息含量；其四，Ball and Brown（1968）以事件研究法为基础，建立报酬模型来计量会计信息的相关性。

从交易量的角度测度计量会计信息相关性研究时，Kim et al.（2001）将股票报酬率对交易量的回归系数作为会计信息相关性的替代变量。

会计信息相关性的计量模型见表3-2。

表3-2 **会计信息相关性的计量模型**

质量特征	评价视角	基础原理	计量模型（或指标）	作者
会计信息相关性	盈余质量视角	盈余持续性	时间序列模型分析法、盈余持续性系数PER、修正系数	Kormendi and Lipe（1987）、Easton and Zmijewski（1989）
			线性一阶自回归模型	Freeman（1982）
			基本面分析法	Lev and Thiagarajan（1993）
			面板平滑转换回归模型（PSTR）	Cheng and Wu（2013）
			盈余反应系数ERC	Chambers and Penman（1984）
		盈余的可预测性	回归模型残差项	Cohen（2003）
		盈余可变动性	盈余的平稳性	Krishnan and Parsons（2008）、Francis et al.（2004）
	信息披露视角	信息披露的数量	信息披露的数量和次数	Botosan（1997）、汪炜和蒋高峰（2004）、张潇（2007）
		股票市场的股价反应	盈余反应系数（ERC）	Kormendi and Lipe（1987）
			回归结果的拟合优度R^2	Ohlson（1995）
			财务变量估计量β显著异于0	Song et al.（2010）
			事件研究法	Ball et al.（1968）
		股票市场的交易量	股票报酬率对交易量的回归系数	Kim et al.（2001）

资料来源：作者根据相关文献整理而得。

间接股价理论认为，会计盈余并不能直接计量企业的权益市场价值，会计盈余在其中仅扮演了一个提供信息的角色，帮助投资者判断企业权益市场的价值。会计盈余的大小相对不重要了，重要的是它是否能为投资者判断企业的权益市场价值提供额外的信息（吴溪，2016）。在这种情况下，相应的信息披露尤为重要。因此，本书从信息披露的视角测度会计信息相关性。

借鉴Song et al.（2010）、黄继承和盛明泉（2013）、邓永勤和康丽丽（2015）等的研究，本书建立如下实证模型检验会计信息相关性：

$$P = \delta_1 + \delta_2 X + \delta_3 Control + \delta \tag{3-4}$$

其中，P表示企业权益的市场价值①；X表示第三层次公允价值特征的向量组，衡量了第三层次公允价值特征对公司权益市场价值反应的影响，如果估计量δ_2在统计上显著异于零，则说明本书选择的第三层次公允价值特征具有增量信息含量；Control表示控制变量。

（3）第三层次公允价值计量模式运用的测度

第三层次公允价值计量模式运用与否，取决于估值技术的输入值。企业只有在相关资产或负债不存在可观察输入值时，才能使用第三层次公允价值输入值。因此，本书借鉴Ettredge et al.（2014）、Goncharov et al.（2014）、吴秋生和田峰（2018）的做法，以当期上市公司是否运用第三层次公允价值计量模式（FV_dum）作为计量依据，若上市公司当期持续以公允价值计量的资产或负债中，存在以第三层次公允价值计量的资产或负债，则FV_dum取值为1，否则取值为0。

（4）控制变量的选取

依据前文有关会计信息可靠性和相关性的文献回顾，借鉴Ettredge et al.（2014）、Goncharov et al.（2014）、邓永勤和康丽丽（2015）、黄霖华和曲晓辉（2014）、刘行健和刘昭（2014）、谭洪涛等（2011）、邓传洲（2005）等人的研究，本书控制了如下影响会计信息可靠性和相关性的因素：偿债能力（LEV），以上市公司当期的资产负债率表示；股权情况（NS），以上市公司当期股东总数的自然对数表示；董事规模

① 有效市场理论下，会计信息能够充分被资本市场中的投资者吸收，并通过股价调整反映出来。因此，我们选择企业的权益市场价值作为企业价值的测度指标。

(DS)，以上市公司当期董事人员的数量表示；税收负担（TR），以上市公司当期综合税率表示；营运能力（OI），以上市公司当期的营运指数表示；盈利能力（ROA），以上市公司当期的资产报酬率表示；经营能力（AT），以上市公司的资本密集度表示；风险水平（DTL），以上市公司当期的综合杠杆表示；审计质量（AQ），以上市公司当期审计费用的自然对数表示；两权分离度（Sep），以上市公司实际控制人当期拥有的控制权与所有权的差额表示；此外，本书控制了上市公司的成立时间(Estb)、行业（Ind)、年度（Year）等变量。

3.2.3 模型设定

在传统的回归分析过程中，常通过控制一系列变量以使两个组别具有可比性。但是，总有一些无法被观察的，或者未想到的变量遗漏从而导致两组的可比性降低。对于回归方程而言，这就意味着遗漏变量误差项和解释变量出现了相关性，从而不能满足高斯马尔科夫定理，造成估计参数偏误，即形成内生性问题。本书的实证研究数据基于非实验数据，也无法保证干预组和控制组的相似性，不可避免地受到内生性问题的影响。这些内生性问题的困扰，主要来源于一般性的样本选择偏误、自选择偏误、遗漏变量偏误等多个方面。为有效控制上述偏误，以达到合理评估运用第三层次公允价值计量模式效果的目的，本书基于反事实框架，采用 Rosenbaum and Rubin（1983）提出的“倾向得分匹配”(PSM）方法。倾向得分匹配方法的基本思想在于，在评估第三层次公允价值计量模式运用的效果时，若能找到与干预组尽可能相似的控制组，那么样本选择偏误、自选择偏误、遗漏变量偏误就可以被有效降低。然而，在寻找控制组的过程中，仅通过一种特征（如公司规模）往往无法达到满意的匹配效果，为此，PSM 通过一些特殊的方法将多个特征浓缩成一个指标——倾向得分值（propensity score，PS 值），从而使多元匹配成为可能。倾向得分匹配处理见 3.3.1。

根据上市公司是否运用第一、二层次公允价值计量，本书从纵向、横向两个视角展开研究。其中，将上市公司是否单纯地运用第三层次公允价值计量模式作为纵向研究视角；将上市公司运用第一、二层次公允价值计量模式的基础上，是否进一步运用第三层次公允价值计量模式作为横向研究视角。

首先，从纵向的角度研究第三层次公允价值计量模式运用与否对会计信息质量的影响，即相比未使用任何层级公允价值计量的上市公司，使用第三层次公允价值计量模式对会计信息质量的影响。为此本书设计了第一组实验，将“仅运用第三层次公允价值计量模式的公司”作为干预组，将“未使用任何层级公允价值计量模式的公司”作为控制组进行检验。

与此同时，从横向的角度研究运用第一、二层次公允价值计量模式时，第三层次公允价值计量模式运用与否对会计信息质量的影响，为此设计了第二组实验，将“运用第一、二层次公允价值计量模式且同时增加运用第三层次公允价值计量模式的公司”作为干预组，将“运用第一、二层次公允价值计量模式且未运用第三层次公允价值计量模式的公司”作为控制组进行检验，见表3-3。

表3-3　　公允价值计量层次运用情况分组

公允价值计量层次		第一、二层次	第三层次	研究目的
第一组	干预组	×	√	纵向比较
	控制组	×	×	
第二组	干预组	√	√	横向比较
	控制组	√	×	

注：运用该层次公允价值计量模式标记为“√”，未运用该层次公允价值计量模式则标记为“×”。其中，“第一、二层次”公允价值计量模式均未运用标记为“×”，两个层次运用其一则标记为“√”。

资料来源：作者设计所得。

由于本书控制组样本数量远高于干预组，故本书采用最近邻居匹配方法按照1∶3进行匹配，以保证在干预组与控制组可比的基础上降低偏差。倾向得分匹配完成后，构造回归模型检验第三层次公允价值计量模式运用的效果。

为了检验研究假设H1，本书借鉴Ettredge et al.（2014）、吴秋生和田峰（2018）的研究，构建了回归模型（3-5）用于检验第三层次公允价值计量模式运用与否对会计信息可靠性的影响。根据研究假设H1，本书预期系数α_2的显著性检验没有通过。

$$DA = \alpha_1 + \alpha_2 FV\_dum + \alpha_3 Control + \varepsilon \quad (3-5)$$

为了检验研究假设H2，本书借鉴Song et al.（2010）、黄继承和盛明泉（2013）、邓永勤等（2015）的研究，构建了回归模型（3-6）用于检验第三层次公允价值计量模式运用与否对会计信息相关性的影响。模型中，通过解释变量（FV_dum）的估计量是否显著异于零衡量该变量是否具有增量会计信息相关性。根据研究假设H2，本书预期系数β_2显著异于零。

$$Value = \beta_1 + \beta_2 FV\_dum + \beta_3 Control + \delta \quad (3-6)$$

模型（3-5）中的DA表示企业的会计信息可靠性，模型（3-6）中的Value表示企业的价值，以企业市值为代理变量，模型（3-5）和模型（3-6）中的FV_dum表示企业第三层次公允价值计量模式运用与否虚拟变量，Controls表示一组控制变量。

3.2.4 变量名称及解释

模型中所涉及的主要变量的名称、符号、定义与说明，见表3-4，此处不再一一赘述。

表3-4 **变量定义表**

变量类型	变量名称	变量符号	定义和说明
被解释变量	会计信息可靠性	DA	根据修正Jones模型计算所得，并取绝对值处理
	会计信息相关性	β_2	根据解释变量的估计量是否显著异于零判定是否具有相关性
解释变量	第三层次公允价值计量模式运用与否	FV_dum	若公司当期运用第三层次公允价值计量资产或负债，则取值为1，否则取值为0

续表

变量类型	变量名称	变量符号	定义和说明
控制变量	偿债能力	LEV	以公司当期资产负债率表示
	股权情况	NS	以公司当期股东总数的自然对数表示
	董事规模	DS	以公司当期的董事的人数表示
	税收负担	TR	以公司当期综合税率表示
	营运能力	OI	以公司当期营运指数表示
	盈利能力	ROA	以公司当期资产报酬率表示
	两权分离度	Sep	以公司实际控制人当期拥有的控制权与所有权的差额表示
	经营能力	AT	以公司当期总资产除以营业收入（即资本密集度）表示
	风险水平	DTL	以公司当期综合杠杆表示
	审计质量	AQ	以公司当期审计费用的自然对数表示
	成立时间	Estb	以公司成立时间表示
	行业	Ind	行业虚拟变量，控制
	年份	Year	年份虚拟变量，控制

资料来源：作者设计所得。

3.3 实证分析

3.3.1 倾向得分匹配处理

（1）协变量的选择与Logit回归分析

根据研究设计，本书分别对第一组实验和第二组实验的干预组和控制组进行Logit回归，以估计倾向得分。本书借鉴Rosenhaum（1984）的方法进行Logit回归，最终从一系列可能影响公司是否运用第三层次公允价值计量模式的公司特征变量中筛选出如下协变量：公司规模（Asset）、税收负担（TR）、营运能力（OI）、偿债能力（LEV）、控制人性质（EN）、两权分离度（Sep）、经营能力（AT）、盈利能力（ROA）、股权集中度（Shrs）、成立时间（Estb）、审计质量（AQ），Logit回归结果见表3-5，从回归结果可以看出，两组回归的准 R^2 分别为0.110、0.108，LR统计量分别为324.21、545.45，对应的p值均为0.000，故两组方程所有系数的联合显著性均很高。

表3-5 **协变量的选择**

Variable	第一组 FV_dum	第二组 FV_dum
Asset	0.275***	0.324***
	(4.06)	(7.34)
TR	1.460***	-0.063
	(3.09)	(-0.15)
OI	-0.002	-0.008***
	(-1.57)	(-2.81)
LEV	-0.037	0.037**
	(-1.33)	(2.15)
EN	-0.374***	-0.306***
	(-2.77)	(-3.66)
Sep	0.024***	0.006
	(3.46)	(1.42)
ROA	0.292	-1.004**
	(1.47)	(-2.51)
Shrs	-0.003	0.003
	(-0.61)	(1.02)
Estb	0.091***	0.073***
	(8.78)	(10.65)
AQ	0.700***	0.427***
	(5.87)	(5.96)
cons	-21.346***	-16.475***
	(-17.08)	(-21.36)
N	12682	4716
LR chi2（10）	324.21	545.45
Prob > chi2	0.000	0.000
Pseudo R^2	0.110	0.108

注：***、**、* 分别为在1%、5%、10% 水平上显著；表中数据为各自变量的回归系数，括号内为t值。

数据来源：作者计算所得。

为了进一步检验两组实验的敏感性和特异性，本书绘制了ROC曲线，如图3-1和图3-2所示。

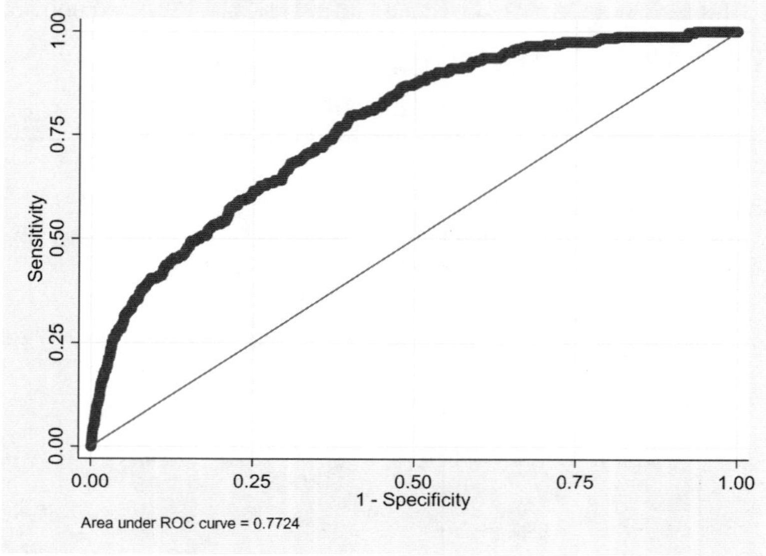

数据来源：作者计算所得。

图3-1 第一组实验的ROC曲线图

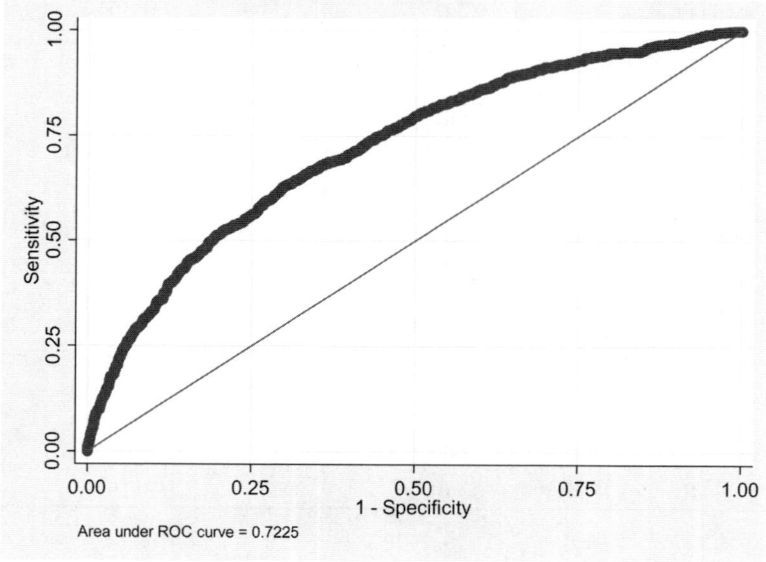

数据来源：作者计算所得。

图3-2 第二组实验的ROC曲线图

ROC曲线将敏感性与特异性以图示方法结合在一起，可准确反映Logit回归特异性和敏感性的关系，是实验准确性的综合代表。在ROC曲线上，最靠近坐标图左上方的点为敏感性和特异性均较高的临界值，一般而言，ROC曲线下的面积在0.5~1.0之间，AUC值越接近1.0，实验效果越好，AUC值在0.9以上表明实验具有较高的准确性，AUC值在0.7~0.9之间表明实验具有一定的准确性，AUC值在0.5~0.7之间表明实验具有较低的准确性。从图3-1和图3-2可以看出，第一组、第二组实验的AUC值分别为0.77、0.72，表明两组实验均具有一定的准确性。

在Logit回归中，由于协变量之间可能存在多重共线性问题，从而导致结果失真，本书借鉴Hosmer and Lemeshow（2000）的研究方法，综合使用Pseudo-R^2和AUC值两个指标筛选模型。

（2）样本匹配效果

倾向得分匹配方法的可靠性取决于匹配后干预组和控制组在可观测变量（即运用第三层次公允价值计量模式前）上是否不存在显著的差异。如果干预组和控制组存在显著的差异，则表示匹配方法的选择或可观测变量的选取不恰当，最近邻居匹配无效。因此，本书以最近邻居匹配方法（最近邻居匹配过程中按照1∶3进行匹配）对筛选出的12个协变量进行匹配平衡性检验，图3-3至图3-4呈现了两组实验的干预组和控制组PS值在匹配前后的差异。

从图3-3和图3-4可以看出，在匹配前干预组和控制组二者PS值的概率分布存在明显的差异，这可能是由于样本资料本身便呈现这种形态，但更可能是由于未运用第三层次公允价值计量模式的公司组，即控制组，包含了不适宜的样本资料。显然，如果直接比较这两组样本公司之间的会计信息可靠性（或会计信息相关性）差异，所得到的统计推断结果必然是有偏的，而前期研究往往忽略了这一问题。相比之下，在完成匹配后，干预组和控制组在公司规模（Asset）、偿债能力（LEV）、营运能力（OI）、行业（Ind）、税收负担（TR）、盈利能力（ROA）等方面的差异大幅下降，PS值的概率分布已经非常接近，各匹配变量标准偏差的绝对值均小于15。从T检验的相伴概率值可看出，匹配后干预组

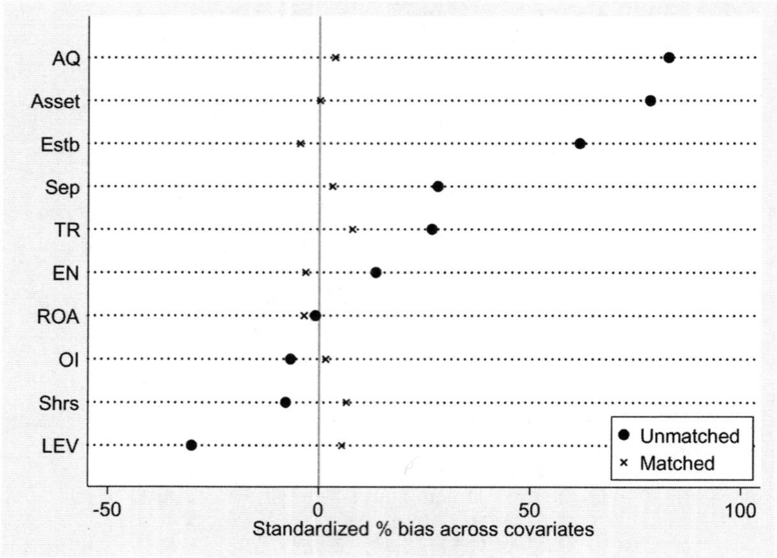

数据来源：作者计算所得。

图 3-3 第一组实验的匹配平衡性检验

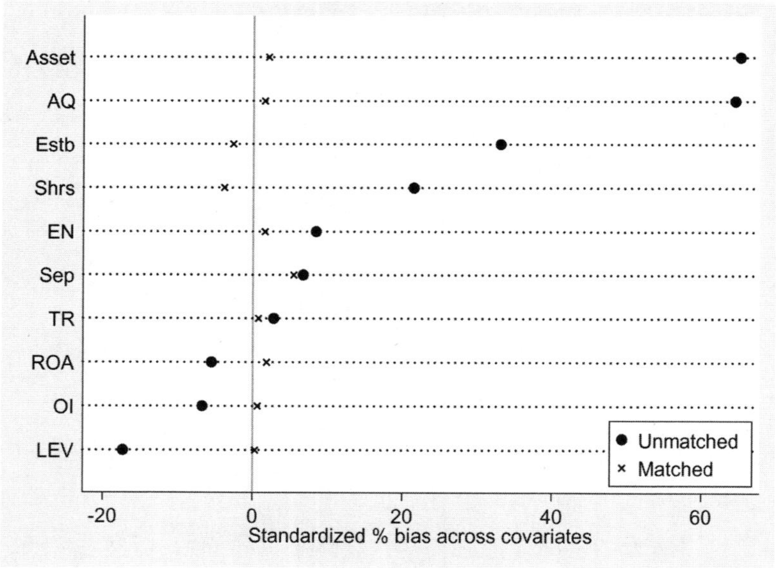

数据来源：作者计算所得。

图 3-4 第二组实验的匹配平衡性检验

和控制组在可观测变量上不存在显著差异。因此，检验结果表明本书选取的可观测变量合适并且匹配方法得当，最近邻居匹配效果较好。

3.3.2 描述性统计

表3-6报告了第一组、第二组实验的描述性统计结果。其中第一组干预组有310个样本，控制组有913个样本，总计1 223个样本；第二组干预组有1 063个样本，控制组有3 106个样本，总计4 169个样本。[①]前文指出采用最近邻居匹配方法是按1∶3进行匹配的，而此处干预组与控制组的样本量比并不是1∶3，其原因是干预组中的多个上市公司匹配到同一家上市公司，导致控制组存在重复值，本书仅保留了其中一个，剔除了其他重复值。

表3-6　　　　**主要变量描述性统计结果**

		Variable	N	mean	sd	p25	p50	p75	min	max
第一组	干预组	DA	310	0.08	0.15	0.02	0.05	0.10	0.00	2.12
		Value	310	23.37	0.97	22.70	23.10	24.00	21.50	26.30
		FV_dum	310	1.00	0.00	1.00	1.00	1.00	1.00	1.00
	控制组	DA	913	0.08	0.15	0.02	0.05	0.09	0.00	2.87
		Value	913	23.44	1.11	22.70	23.30	24.10	21.00	26.90
		FV_dum	913	0.00	0.00	0.00	0.00	0.00	0.00	0.00
	Total	DA	1 223	0.08	0.15	0.02	0.05	0.10	0.00	2.87
		Value	1 223	23.42	1.08	22.70	23.30	24.10	21.00	26.90
		FV_dum	1 223	0.25	0.44	0.00	0.00	1.00	0.00	1.00
第二组	干预组	DA	1 063	0.07	0.24	0.02	0.04	0.08	0.00	6.37
		Value	1 063	24.20	1.45	23.11	24.08	25.18	21.23	28.23
		FV_dum	1 063	1.00	0.00	1.00	1.00	1.00	1.00	1.00
	控制组	DA	3 106	0.08	0.18	0.02	0.04	0.09	0.00	2.32
		Value	3 106	24.24	1.33	23.22	24.11	25.11	21.11	28.08
		FV_dum	3 106	0.00	0.00	0.00	0.00	0.00	0.00	0.00
	Total	DA	4 169	0.08	0.20	0.02	0.04	0.09	0.00	6.37
		Value	4 169	24.23	1.36	23.19	24.10	25.13	21.11	28.23
		FV_dum	4 169	0.25	0.44	0.00	0.00	1.00	0.00	1.00

资料来源：作者计算所得。

① 值得注意的是，运用第三层次公允价值计量模式的上市公司数量，描述性统计结果要低于实际运用数量，因为本书在数据整理过程中，将金融行业样本、财务数据缺失样本进行了剔除处理，且为了消除异常值的影响，还对所有连续变量进行了Winsorize处理，这使得描述性统计中运用第三层次公允价值计量模式的上市公司数量少于实际运用第三层次公允价值计量模式的公司数量。

从纵向角度对比第一组、第二组的描述性统计结果可以看出，第一组样本整体上会计信息可靠性（DA）均值为0.08，标准差为0.15，最大值为2.87；第二组样本整体上会计信息可靠性（DA）均值为0.08，标准差为0.20，最大值为6.37，表明第一组、第二组样本在会计信息可靠性上差异较小，但是第二组样本的会计信息可靠性波动远大于第一组。第一组样本整体上企业价值（Value）均值为23.42，标准差为1.08，最大值为26.90，第二组样本整体上企业价值（Value）均值为24.23，标准差为1.36，最大值为28.23，从描述性统计结果来看，相对于第一组，第二组样本企业价值整体上更高，且第二组样本的企业价值波动更大。

从横向角度对比各组内的描述性统计结果可以看出，在第一组中，干预组样本会计信息可靠性（DA）均值为0.08，最小值为0.00，最大值为2.12，控制组样本会计信息可靠性（DA）均值为0.08，最小值为0.00，最大值为2.87，纵向对比来看，干预组、控制组组内各公司会计信息可靠性差异较大，且多数公司的会计信息可靠性较高①；横向对比来看，干预组、控制组两组间公司的会计信息可靠性差异较小。干预组样本企业价值（Value）均值为23.37，最小值为21.50，最大值为26.30，控制组样本企业价值（Value）均值为23.44，最小值为21.00，最大值为26.90，纵向对比来看，干预组、控制组组内各公司企业价值差异较大；横向对比来看，干预组、控制组两组间公司的企业价值差异较小。

在第二组中，干预组样本会计信息可靠性（DA）均值为0.07，最小值为0.00，最大值为6.37，控制组样本会计信息可靠性（DA）均值为0.08，最小值为0.00，最大值为2.32，纵向对比来看，干预组、控制组组内各公司会计信息可靠性差异较大，且多数公司的会计信息可靠性较高；横向对比来看，干预组、控制组两组间公司的会计信息可靠性差异较小。干预组样本企业价值（Value）均值为24.20，最小值为21.23，最大值为28.23，控制组样本企业价值（Value）均值为24.24，最小值

① DA指标为操纵性应计利润，其数值越高，会计信息可靠性越低。

为21.11，最大值为28.08，纵向对比来看，干预组、控制组组内各公司企业价值差异较大；横向对比来看，相对于控制组，干预组公司的企业价值整体上更低。

由于干预组为运用第三层次公允价值计量模式的样本，控制组为未运用第三层次公允价值计量模式的样本，因此干预组FV_dum各项指标均为1.00，而控制组各项指标均为0.00。

3.3.3 实证结果分析

表3-7报告了第三层次公允价值计量模式运用与否对会计信息可靠性、相关性影响的回归结果。

本书从纵向的角度研究了第三层次公允价值计量模式运用与否对会计信息质量的影响，即相比于未使用任何层级公允价值计量的上市公司，运用第三层次公允价值计量模式对会计信息质量（会计信息可靠性、会计信息相关性）有何影响。我们利用模型（3-5）、模型（3-6）对干预组与控制组进行了多元回归分析。

表3-7中第（1）列为第三层次公允价值计量模式运用与否对会计信息可靠性的影响。回归结果显示，FV_dum的估计系数为0.005，但显著性检验没有通过，说明是否运用第三层次公允价值计量模式与会计信息可靠性不存在显著性的影响关系，即在目前的监管规制下，第三层次公允价值计量模式运用与否不会影响会计信息的可靠性，这与本书假设H1的理论预期一致。

第（2）列为第三层次公允价值计量模式运用与否对会计信息相关性的影响。回归结果显示，FV_dum的估计系数为-0.076，但显著性检验没有通过，由于仅使用第三层次公允价值的公司仅有310家，样本量较少，导致单纯运用第三层次公允价值计量模式对会计信息相关性的影响较小，故研究假设H2无法得到验证。

本书还从横向的角度研究了第三层次公允价值计量模式运用与否对会计信息质量的影响，即在运用第一、第二层次公允价值计量的同时，第三层次公允价值计量模式运用与否对会计信息质量（会计信息可靠性、会计信息相关性）有何影响。

表3-7 **第三层次公允价值计量模式运用与否与会计信息质量回归结果**

Variable	(1) DA	(2) Value	(3) DA	(4) Value
FV_dum	0.005	-0.076	-0.002	0.136***
	(0.47)	(-1.59)	(-0.26)	(4.16)
LEV	0.020	0.909***	0.071***	1.181***
	(0.83)	(8.84)	(4.01)	(18.78)
NS	-0.010*	0.328***	-0.011***	0.327***
	(-1.70)	(12.11)	(-2.84)	(22.12)
DS	-0.003	0.018	-0.004***	0.039***
	(-1.27)	(1.59)	(-2.58)	(6.90)
TR	0.090	1.434***	0.011	0.318***
	(1.45)	(5.23)	(0.64)	(4.80)
OI	-0.000***	0.001**	-0.002***	-0.001
	(-5.09)	(2.11)	(-12.79)	(-1.00)
ROA	-0.001**	0.004	-0.006***	0.042***
	(-1.98)	(1.14)	(-8.89)	(14.94)
Sep	-0.001	0.003	-0.000	0.002
	(-1.29)	(1.30)	(-1.08)	(1.39)
Estb	-0.000	-0.017***	0.001	-0.001
	(-0.16)	(-4.29)	(1.48)	(-0.51)
AT	-0.000	-0.015***	-0.000**	0.000***
	(-0.18)	(-6.27)	(-2.17)	(3.99)
DTL	-0.000	-0.004**	-0.000	-0.002***
	(-0.45)	(-2.04)	(-1.06)	(-3.01)
AQ	-0.002	0.799***	-0.003	0.818***
	(-0.29)	(24.13)	(-0.76)	(55.80)
Industry	Yes	Yes	Yes	Yes
Year	Yes	Yes	Yes	Yes
cons	0.315***	8.324***	0.564***	7.553***
	(2.78)	(19.71)	(10.32)	(38.11)
N	1216	1216	4157	4157
R^2	0.0480	0.596	0.151	0.730
R^2_a	0.0310	0.591	0.147	0.729
F	2.747	104.2	33.52	658.3

注：***、**、*分别为在1%、5%、10%水平上显著；表中数据为各自变量的回归系数，括号内为t值。

数据来源：作者计算所得。

表3-7第（3）列为上市公司在运用第一、第二层次公允价值计量模式的情况下，增加运用第三层次公允价值计量模式对会计信息可靠性的影响。回归结果显示，FV_dum的估计系数为-0.002，但没有通过显著性检验，说明上市公司在运用第一、二层次公允价值计量模式时，是否增加运用第三层次公允价值计量模式与会计信息可靠性没有显著性的影响关系，这与本书研究假设H1的理论预期一致，且与前文研究结论保持一致，进一步证明本书的研究结论是稳健的。

第（4）列为上市公司在运用第一、二层次公允价值计量模式的情况下，增加运用第三层次公允价值计量模式对会计信息相关性的影响。回归结果显示，FV_dum的估计系数为0.136，且在1%的水平上显著，说明上市公司在运用第一、第二层次公允价值计量模式时，增加运用了第三层次公允价值计量模式会使一些无法准确核算或无法进入会计核算系统，但对企业价值估计有重要影响的经济业务能够核算，可为投资者提供有价值的会计信息，从而提高会计信息相关性，本书的研究假设H2得到验证。

自变量之间的多重共线性可能会对本书的研究结论产生影响。为此，本书对第一组、第二组样本自变量分别进行了多重共线性检验。表3-8报告了上述回归模型的多重共线性检验，检验结果显示上述回归模型均通过了多重共线性检验，整体检验效果较好，自变量的VIF均分布在1到2之间，自变量的容差值均显著大于0.5，且多数自变量的容差值大于0.9，表明自变量之间不存在严重的共线性。

以上实证研究结果表明，上市公司无论是仅运用第三层次公允价值计量模式，还是在运用第一、二层次公允价值计量模式的同时，增加运用第三层次公允价值计量模式，均对会计信息可靠性没有显著影响。上市公司仅运用第三层次公允价值计量模式的情况很少，使得第三层次公允价值计量模式在提高会计信息相关性方面作用的发挥十分有限。上市公司在运用第一、二层次公允价值计量模式的同时，增加运用第三层次公允价值计量模式，会带来增量信息，从而提高了企业的会计信息相关性。

表3-8 多重共线性检验结果

Variable	第一组（纵向比较）		第二组（横向比较）	
	VIF	1/VIF	VIF	1/VIF
FV_dum	1.39	0.718	1.69	0.592
LEV	1.38	0.726	1.53	0.655
NS	1.34	0.748	1.26	0.793
DS	1.28	0.782	1.08	0.922
TR	1.15	0.869	1.07	0.938
OI	1.08	0.925	1.06	0.943
ROA	1.05	0.950	1.03	0.967
Sep	1.04	0.966	1.03	0.975
Estb	1.03	0.971	1.01	0.987
AT	1.02	0.984	1.01	0.991
DTL	1.01	0.992	1.01	0.993
AQ	1.00	0.998	1.01	0.994
Mean VIF	1.15		1.15	

3.4 稳健性检验

3.4.1 考虑变量度量误差的稳健性检验

变量度量误差会导致研究结论产生偏误，本书对会计信息可靠性、企业价值、偿债能力、税收负担等关键变量进行了替换，以非绝对值处理的盈余管理程度aDA作为会计信息可靠性DA的替代变量，以不含负债价值的企业总市值EValue作为企业价值Value的替代变量，以权益乘数QY作为偿债能力LEV的替代变量，以流转税率LZ作为税收负担TR的替代变量，以净利润现金含量JX作为营运能力OI的替代变量，以总资产净利润率ROA’作为盈利能力ROA的替代变量，以总资产周转率

TAT作为经营能力AT的替代变量，以审计意见类型虚拟变量AO作为审计质量AQ的替代变量。本书采用改变变量测度方式后的变量对前述模型进行稳健性检验，改变变量测度方式的回归结果见表3-9。

表3-9中第（1）、（2）列为改变变量测度方式后，相比于未使用任何层级公允价值计量模式的上市公司，运用第三层次公允价值计量模式对会计信息质量（会计信息可靠性、会计信息相关性）的影响。

第（1）列为第三层次公允价值计量模式运用与否对会计信息可靠性的影响。回归结果显示，FV_dum的估计系数为-0.014，但显著性检验没有通过，进一步说明是否运用第三层次公允价值计量模式与会计信息可靠性不存在显著性的影响关系。

第（2）列为第三层次公允价值计量模式运用与否对会计信息相关性的影响。回归结果显示，FV_dum的估计系数为-0.064，但显著性检验没有通过，进一步说明单纯运用第三层次公允价值计量模式对会计信息相关性的影响较小，前述研究结论是稳健的。

表3-9中第（3）、（4）列为改变变量测度方式后，上市公司在运用第一、二层次公允价值计量模式的情况下，增加运用第三层次公允价值计量模式对会计信息质量（会计信息可靠性、会计信息相关性）的影响。

第（3）列为上市公司在运用第一、二层次公允价值计量模式的情况下，增加运用第三层次公允价值计量模式对会计信息可靠性的影响。回归结果显示，FV_dum的估计系数为0.004，但没有通过显著性检验，进一步说明上市公司在运用第一、二层次公允价值计量模式时，是否增加运用第三层次公允价值计量模式与会计信息可靠性没有显著性的影响关系，与前文研究结论保持一致，进一步证明本书的研究结论是稳健的。

第（4）列为上市公司在运用第一、二层次公允价值计量模式的情况下，增加运用第三层次公允价值计量模式对会计信息相关性的影响。回归结果显示，FV_dum的估计系数为0.159，且在1%的水平上显著，说明上市公司在运用第一、二层次公允价值计量模式时，增加运用第三层次公允价值计量模式会提高会计信息相关性，与前文研究结论保持一致，进一步证明本书的研究结论是稳健的。

表 3-9　　**改变变量测度方式的回归结果**

Variable	(1) DA	(2) Value	(3) DA	(4) Value
FV_dum	-0.014	-0.064	0.004	0.159***
	(-1.15)	(-1.02)	(0.57)	(3.61)
QY	0.000	0.066***	0.009***	0.141***
	(0.18)	(6.92)	(4.75)	(16.46)
NS	-0.009	0.742***	-0.016***	0.878***
	(-1.35)	(22.73)	(-4.16)	(50.98)
DS	0.003	0.077***	0.000	0.076***
	(1.17)	(5.27)	(0.25)	(10.08)
LZ	-0.160	1.268	0.135	-0.123
	(-0.89)	(1.43)	(1.24)	(-0.22)
JX	-0.000**	-0.001	-0.003***	0.002
	(-2.13)	(-1.62)	(-12.80)	(1.58)
ROA'	0.457***	4.449***	0.062	5.314***
	(3.42)	(6.70)	(0.62)	(11.79)
Sep	0.000	0.002	-0.001*	0.001
	(0.02)	(0.58)	(-1.83)	(0.82)
Estb	-0.000	-0.008*	0.000	-0.019***
	(-0.25)	(-1.65)	(0.51)	(-6.76)
TAT	-0.052***	0.000	-0.014**	0.003
	(-4.40)	(0.00)	(-2.52)	(0.11)
DTL	-0.000	0.000	0.001	-0.002
	(-0.48)	(0.06)	(1.25)	(-1.30)
AO	-0.048	-0.206	-0.013	0.700**
	(-1.15)	(-0.99)	(-0.21)	(2.53)
Industry	Yes	Yes	Yes	Yes
Year	Yes	Yes	Yes	Yes
cons	0.224*	15.005***	0.185**	14.080***
	(1.84)	(24.79)	(2.39)	(39.91)
N	1058	1058	3784	3784
R^2	0.054	0.452	0.057	0.570
R^2_a	0.034	0.440	0.054	0.568
F	2.677	38.74	19.04	226.8

注：***、**、*分别为在1%、5%、10%水平上显著；表中数据为各自变量的回归系数，括号内为t值。

数据来源：作者计算所得。

以上实证研究结果表明，本书得出的研究结论是可靠的，实证检验模型是稳健的。

3.4.2 考虑个体差异效应的稳健性检验

本书的实证回归模型设定中均采用了混合OLS进行实证检验，虽控制了行业、时间对结果可能产生的影响，但是未考虑个体差异效应，可能导致严重的偏误，有必要采用其他计量方法对实证研究结论进行稳健性检验。根据豪斯曼检验结果，本书采用固定效应模型对前述模型进行稳健性检验，考虑个体差异效应的回归结果见表3-10。

表3-10中第（1）、（2）列为采用固定效应模型，检验相比于未使用任何层级公允价值计量模式的上市公司，运用第三层次公允价值计量模式对会计信息质量（会计信息可靠性、会计信息相关性）的影响。

第（1）列为第三层次公允价值计量模式运用与否对会计信息可靠性的影响。回归结果显示，FV_dum的估计系数为0.074，但显著性检验没有通过，进一步说明是否运用第三层次公允价值计量模式与会计信息可靠性不存在显著性的影响关系。

第（2）列为第三层次公允价值计量模式运用与否对会计信息相关性的影响。回归结果显示，FV_dum的估计系数为0.129，但显著性检验没有通过，进一步说明单纯运用第三层次公允价值计量模式对会计信息相关性的影响较小，前述研究结论是稳健的。

表3-10中第（3）、（4）列为采用固定效应模型，检验上市公司在运用第一、二层次公允价值计量模式的情况下，增加运用第三层次公允价值计量模式对会计信息质量（会计信息可靠性、会计信息相关性）的影响。

第（3）列为上市公司在运用第一、二层次公允价值计量模式的情况下，增加运用第三层次公允价值计量模式对会计信息可靠性的影响。回归结果显示，FV_dum的估计系数为-0.020，但没有通过显著性检验，进一步说明上市公司在运用第一、二层次公允价值计量模式时，是否增加运用第三层次公允价值计量模式与会计信息可靠性没有显著性的影响关系，与前文研究结论保持一致，进一步证明本书的研究结论是稳健的。

表3-10 **固定效应回归结果**

Variable	(1) DA	(2) Value	(3) DA	(4) Value
FV_dum	0.074	0.129	-0.020	0.114***
	(1.31)	(1.46)	(-1.56)	(3.24)
LEV	-0.129	0.364	0.176***	0.669***
	(-0.65)	(1.42)	(3.19)	(8.45)
NS	-0.054	-0.129**	-0.027*	0.323***
	(-1.21)	(-2.20)	(-1.93)	(18.24)
DS	0.009	0.012	-0.001	0.053***
	(0.39)	(0.42)	(-0.24)	(7.77)
TR	0.360	0.739**	0.073	0.230**
	(1.40)	(2.21)	(1.01)	(2.09)
OI	-0.002	0.002	-0.003***	0.001
	(-0.75)	(0.87)	(-13.14)	(0.74)
ROA	-0.033	0.093***	-0.026**	0.053***
	(-1.46)	(3.18)	(-2.04)	(5.07)
Sep	-0.000	0.016***	-0.002	0.004**
	(-0.03)	(3.00)	(-1.51)	(2.51)
Estb	-0.010	0.008	0.004	-0.010***
	(-0.87)	(0.56)	(1.18)	(-3.79)
AT	-0.001	-0.008*	-0.000***	0.000
	(-0.41)	(-1.94)	(-20.65)	(0.17)
DTL	-0.000	-0.013***	-0.001	-0.001
	(-0.19)	(-4.53)	(-1.07)	(-1.16)
AQ	0.045	0.290***	0.047	0.832***
	(0.80)	(3.97)	(0.97)	(43.61)
Industry	Yes	Yes	Yes	Yes
Year	Yes	Yes	Yes	Yes
cons	0.165	19.989***	0.413	8.554***
	(0.20)	(18.69)	(1.53)	(33.19)
N	980	980	2733	2733
R^2	0.051	0.357	0.269	0.727
F	0.827	8.541	40.08	423.7

注：***、**、*分别为在1%、5%、10%水平上显著；表中数据为各自变量的回归系数，括号内为t值。

数据来源：作者计算所得。

第（4）列为上市公司在运用第一、二层次公允价值计量模式的情况下，增加运用第三层次公允价值计量模式对会计信息相关性的影响。回归结果显示，FV_dum的估计系数为0.114，且在1%的水平上显著，说明上市公司在运用第一、二层次公允价值计量模式时，增加运用第三层次公允价值计量模式会提高会计信息相关性，与前文研究结论保持一致，进一步证明本书的研究结论是稳健的。

以上实证研究结果进一步表明，本书得出的研究结论是可靠的，实证检验模型是稳健的。

3.4.3 考虑内生性问题的稳健性检验

企业的会计信息质量与第三层次公允价值计量模式运用与否之间的相互作用、相互影响，可能会导致内生性问题的存在，从而影响研究结论的可靠性。对自变量作滞后一期处理，能够很好地减少因变量与自变量之间相互影响带来的内生性问题（陈强，2014）。为了减少内生性问题的影响，借鉴Custódio & Metzger（2014）、靳庆鲁等（2012）、姜付秀等（2016）的研究，我们对模型中的自变量采用滞后一期处理的方法。根据豪斯曼检验结果，本书采用固定效应模型对前述模型进行稳健性检验，稳健性检验结果见表3-11。

表3-11中第（1）、（2）列为自变量滞后一期处理后，运用固定效应模型，检验相比于未使用任何层级公允价值计量模式的上市公司，运用第三层次公允价值计量模式对会计信息质量（会计信息可靠性、会计信息相关性）的影响。

第（1）列为第三层次公允价值计量模式运用与否对会计信息可靠性的影响。回归结果显示，LFV_dum的估计系数为0.005，但显著性检验没有通过，进一步说明是否运用第三层次公允价值计量模式与会计信息可靠性不存在显著性的影响关系。

第（2）列为第三层次公允价值计量模式运用与否对会计信息相关性的影响。回归结果显示，LFV_dum的估计系数为-0.157，但显著性检验没有通过，进一步说明单纯运用第三层次公允价值计量模式对会计信息相关性的影响较小，前述研究结论是稳健的。

表3-11 **自变量滞后一期的回归结果**

Variable	(1) DA	(2) Value	(3) DA	(4) Value
LFV_dum	0.005	-0.157	-0.005	0.073**
	(0.15)	(-1.17)	(-0.29)	(2.48)
LLEV	0.421***	0.023	-0.150*	0.524***
	(3.65)	(0.05)	(-1.69)	(3.35)
LNS	-0.004	-0.032	-0.009	-0.035
	(-0.15)	(-0.29)	(-0.52)	(-1.13)
LDS	0.003	0.040	-0.005	0.008
	(0.22)	(0.69)	(-1.01)	(0.97)
LTR	-0.006	-0.295	0.499*	0.330
	(-0.04)	(-0.41)	(1.85)	(0.69)
LOI	0.000	0.003	0.001	-0.003
	(0.31)	(0.92)	(0.70)	(-1.56)
LROA	0.034	0.122	-0.114**	0.453***
	(0.93)	(0.81)	(-2.16)	(4.87)
LSep	0.005**	0.006	0.001	0.000
	(2.55)	(0.69)	(0.83)	(0.08)
LEstb	-0.002	-0.038	0.034	-0.117*
	(-0.27)	(-1.32)	(1.00)	(-1.93)
LAT	-0.003	-0.015	0.015***	0.011***
	(-0.62)	(-0.69)	(7.16)	(2.94)
LDTL	0.009	-0.012	0.001	-0.002
	(1.40)	(-0.42)	(0.44)	(-0.68)
LAQ	-0.060	-0.204	-0.099***	0.225***
	(-1.30)	(-1.07)	(-4.37)	(5.65)
Industry	Yes	Yes	Yes	Yes
Year	Yes	Yes	Yes	Yes
cons	0.700	27.477***	1.066	23.225***
	(1.01)	(9.61)	(1.47)	(18.10)
N	179	179	1258	1258
R^2	0.406	0.323	8.198	8.825
F	2.510	1.749	1.892	7.026

注：***、**、*分别为在1%、5%、10%水平上显著；表中数据为各自变量的回归系数，括号内为t值。

数据来源：作者计算所得。

表3-11中第（3）、（4）列为自变量滞后一期处理后，运用固定效应模型，检验上市公司在运用第一、二层次公允价值计量模式的情况下，增加运用第三层次公允价值计量模式对会计信息质量（会计信息可靠性、会计信息相关性）的影响。

第（3）列为上市公司在运用第一、二层次公允价值计量模式的情况下，增加运用第三层次公允价值计量模式对会计信息可靠性的影响。回归结果显示，LFV_dum的估计系数为-0.005，但没有通过显著性检验，进一步说明上市公司在运用第一、二层次公允价值计量模式时，是否增加运用第三层次公允价值计量模式与会计信息可靠性没有显著性的影响关系，与前文研究结论保持一致，进一步证明本书的研究结论是稳健的。

第（4）列为上市公司在运用第一、二层次公允价值计量模式的情况下，增加运用第三层次公允价值计量模式对会计信息相关性的影响。回归结果显示，LFV_dum的估计系数为0.073，且在1%的水平上显著，说明上市公司在运用第一、二层次公允价值计量模式时，增加运用第三层次公允价值计量模式显著提高了会计信息相关性，与前文研究结论保持一致，进一步证明本书的研究结论是稳健的。

以上实证研究结果进一步表明，本书得出的研究结论是可靠的，实证检验模型是稳健的。

3.5 本章小结

本章以2014—2019年沪深两市A股上市公司为样本，实证检验了第三层次公允价值计量模式运用对会计信息可靠性和相关性的影响。为了克服研究中普遍存在的样本选择偏误，本书采用了倾向得分匹配（PSM）方法，以最近邻居为匹配方法，为每家运用第三层次公允价值计量模式的上市公司找到合适的匹配对象，进而通过多元线性回归比较这两类公司的会计信息可靠性和相关性来评估第三层次公允价值计量模式运用效果，在评估第三层次公允价值计量模式运用效果的过程中，本书从纵向（是否仅运用第三层次公允价值计量模式）和横向（运用第

一、二层次公允价值计量模式时，是否增加运用第三层次公允价值计量模式）两个角度分别进行了研究。

研究发现，第三层次公允价值计量模式运用并不影响会计信息的可靠性，而且由于目前单纯运用第三层次公允价值计量模式的情况很少，导致第三层次公允价值计量模式的运用对会计信息相关性的提高作用比较有限，不易观察；在运用第一、二层次公允价值计量模式的企业中，增加运用第三层次公允价值计量模式对会计信息相关性的提高作用更显著。考虑变量度量误差、个体差异效应、内生性等问题后，本书的研究结论依然稳健。

本书的研究结论说明，我国现行监管环境基本可以保证第三层次公允价值计量模式运用的有效性，不必担心第三层次公允价值计量模式运用对会计信息可靠性产生损害，我国应在加强公允价值运用监管的同时，坚定公允价值特别是第三层次公允价值运用的信心，大力推广第三层次公允价值的运用，尽可能多地把影响企业价值的交易、事项和情况通过第三层次公允价值的计量纳入会计核算系统，以充分发挥会计信息决策相关的作用。

第4章　第三层次公允价值计量业务外包与会计信息质量

现行准则框架下，可对第三层次公允价值进行计量与复核的主体包括企业内部符合资格的内设部门和资产评估公司、会计师事务所、财务咨询公司等第三方独立评估机构。企业内设部门与第三方评估机构在专业性、独立性、经济性等方面的差异，将直接影响第三层次公允价值的计量结果，从而对形成的会计信息可靠性和相关性造成影响。那么，第三层次公允价值计量业务外包如何影响会计信息可靠性和相关性？第三层次公允价值计量业务外包是否在保障会计信息可靠性的基础上，提高了会计信息相关性？以下将从理论角度分析第三层次公允价值计量业务外包与否对会计信息可靠性和相关性的影响，并从实证角度对二者关系进行检验。

4.1 理论分析与研究假设

4.1.1 第三层次公允价值计量业务外包与否与会计信息可靠性

公允价值计量实施的基础是市场机制的健全和会计理论体系的完备。目前，我国市场化的进展程度是不平衡的（左翔、李辉文，2017），很多资产或负债项目并无活跃的交易市场，缺乏公平价格的形成机制，资产或负债项目的市场价值难以判断，需要会计人员或第三方评估机构运用估值技术进行第三层次公允价值计量。第三层次公允价值本身并非造成企业盈余管理的动因，但是由于不完善的价格市场，第三层次公允价值计量模式很可能成为相关利益主体进行盈余操纵的工具（盛明泉，2011）。

第三层次公允价值输入值来源于不可观察输入值，需要使用未来现金流量法计算第三层次公允价值，未来现金流量的金额、时点和货币的时间价值等的不确定性（盛明泉，2011），在一定程度上增加了第三层次公允价值估值的难度，这种估值技术的复杂性，使得第三层次公允价值计量模式需要由专业技术高超的评估人员来完成。目前，在我国企业内部，很多企业并不具有计量第三层次公允价值的资质（徐玉德，2009），即缺乏相关高素质的会计人员完成第三层次公允价值计量模式与核算。在这种情况下，企业内部会计人员计量的第三层次公允价值会计信息的可靠性无从保障。而第三方评估机构作为专业提供中介性服务的机构，其对第三层次公允价值相关资产或负债的评估具有先天的专业优势。其评估人员具备第三层次公允价值资产或负债评估方面的专业素养，熟悉会计、审计、价值评估等方面的知识，且能及时掌握相关行业最新动态，在第三层次公允价值估值过程中，在充分了解企业的基本情况、财务状况、经营状况、现金流量等，参考活跃市场的相关信息的基础上，依据其专业知识和经验，为企业、投资者、社会公众等提供可靠的第三层次公允价值计量模式报告。

运用估值技术进行第三层次公允价值计量的过程中，涉及大量的主观判断和估计，只要在输入值上“稍做手脚”，所得到的结果就可能大相径庭。企业内部会计人员服从于企业管理层的领导和管理，在计量第三层次公允价值的过程中，由于估值中涉及大量主观判断，会不同程度地受到企业管理层主观意志的影响（盛明泉，2011），从而出现企业管理层指使或强迫会计人员利用第三层次公允价值操纵利润、粉饰财务报表的现象。

而第三方评估机构受企业管理层聘请，对企业的第三层次公允价值进行计量，传统的会计信息责任体系发生了根本性改变，由传统的二元责任体系（会计责任与审计责任）发展成为三元责任体系（会计责任、审计责任与评估责任）。其中，企业内部会计人员对第三层次公允价值计量结果提供保证，注册会计师对第三层次公允价值审计结论提供保证，第三方评估人员对第三层次公允价值评估结果的合理性提供保证（中评协赴英、德两国考察团等，2007）。这种均衡博弈有助于保障第三层次公允价值信息的可靠性。

此外，第三方评估机构计量第三层次公允价值时，《资产评估职业道德准则》要求第三方评估人员须保持独立性，这种独立性包括形式上的独立性和实质上的独立性。形式上的独立性要求第三方评估人员具有独立的身份，与被评估单位不存在经济联系或其他有损于独立性的联系；实质上的独立性要求第三方评估人员在第三层次公允价值计量过程中，保持独立的姿态，公正执业，且其估值中专业判断不受影响。第三方评估人员这种独立的第三层次公允价值计量模式，避免或降低了第三方评估人员卷入利益冲突的风险。一般而言，第三方评估机构主观上并不愿意提交可能会误导企业、投资者、社会公众等的第三层次公允价值计量模式结果（徐玉德，2009）。同时，将第三层次公允价值计量业务外包给第三方评估机构后，企业对第三层次公允价值信息的掌控降低，为第三层次公允价值计量信息的可靠性奠定了基础。

基于此，本书提出如下研究假设H1：

H1：第三层次公允价值计量业务外包提高了会计信息可靠性。

4.1.2 第三层次公允价值计量业务外包与否与会计信息相关性

企业作为财务报告的主体，在计量第三层次公允价值的过程中，应根据企业的外部市场，而非企业对该资产（负债）的未来使用情况（支晓强、童盼，2010），来计量第三层次公允价值，即第三层次公允价值基于市场参与者的视角进行计量，这是第三层公允价值计量实施的重要假设。然而，企业外部市场参与者使用的估值因素与企业内部使用的估值因素有时候并不相同（王仲兵，2011），不同评估主体下的第三层次公允价值信息将表现出不同的会计信息相关性（李红霞，2008；张淑惠、罗孟旎，2016）。

当企业内部会计人员作为第三层次公允价值评估主体时，不可避免地要受到企业内部使用的估值因素干扰，包括但不限于资产（负债）的持有意图、企业的私有信息等。此外，在第三层次公允价值计量模式中，企业内部会计人员专业胜任能力不足（徐玉德，2009），其在市场信息了解的及时性、全面性、深入性等方面存在不足，导致其估值结果可能存在较大的计量误差（刘永泽等，2011）。因此，企业内部会计人员计量下的第三层次公允价值信息，在计量过程中易受企业内部估值因素的干扰，加之内部会计人员专业胜任能力不足，导致计量结果误差较大，影响了其估值结果的公允性，其第三层次公允价值计量结果难以令资本市场中的投资者信服。

相对于企业内部会计人员，第三方评估人员具有超然的独立性。第三方评估人员基于外包合同，其与企业仅在外包业务上存在一定的关联，不易受企业内部估值因素的影响，且其操纵企业内部利益的可能性微乎其微。此外，第三方评估人员具有行业专长，在计量第三层次公允价值中，为保证计量结果的公允性、可靠性，在充分理解相关政策、法律法律的基础上，会尽可能地吸收活跃市场的市场信息，将与资产（负债）相关的未来现金流量及所包含的风险，以价值计量的形式尽可能多地纳入财务报告中，充分考虑了物价变动水平、货币时间价值、投资者预期报酬率等影响因素，由此计量得出的第三层次公允价值信息具有信息含量，从而具有决策有用性，能够更好地为投资者决策提供信息支撑。此外，一些具备良好资质和声誉的第三方评估机构出具的估值结果也是投资者使用会计信息的信心来源（徐玉德，2009）。

基于此，本书提出如下研究假设H2：

H2：第三层次公允价值计量业务外包提高了会计信息相关性。

4.2 研究设计

4.2.1 样本选择与数据来源

为研究我国企业第三层次公允价值计量业务外包对会计信息质量的影响，本章选择2014—2019年沪深两市A股中，运用了第三层次公允价值计量模式的上市公司为初始样本。通过巨潮资讯网下载我国上市公司年报，手工整理第三层次公允价值计量主体，上市公司相关数据均来源于国泰安金融数据库（CSMAR）。本书对初始样本观测值依次进行如下处理：①剔除金融行业的样本；②剔除PT和ST特殊处理的样本；③剔除相关财务数据缺失的样本；④为了消除异常值的影响，本章对所有连续变量进行了1%和99%的Winsorize缩尾处理。经过筛选，最终获得1 034个样本观测值。本书使用的统计软件为Stata 15.0和Excel。

4.2.2 第三层次公允价值计量业务外包的测度

表4-1归纳总结了当前有关业务外包的主要测度方法和模型。国内外学者对业务外包的测度方法大多基于问卷调查或经济数据，例如KLass（2002）、Gilley & Rasheed（2000）等基于问卷调查设计指标进行测度，问卷设计的好坏将直接影响调查结果的准确性，且问卷调查中调查对象抽样的合理性也存在一定的难度；纪志坚等（2007）、Kazuyuk et al.（2007）等基于企业微观经济数据测度业务外包程度，指标设计科学严谨，但相关企业微观经济数据的获取存在一定的成本；Feenstra & Hanson（1996）、Feenstra & Hanson（1999）、Geishecker（2006）等设计的FH指标，基于国家宏观经济数据，常用于测度一国某行业的外包程度，具有一定的科学性。Arbaugh（2003）根据业务是否外包，设置

0、1虚拟变量，业务外包则计为1，否则计为0，该方法简单易行，数据的获取成本较低，虽然无法准确测度企业的外包程度，但是不失为测度企业业务外包状况的一种较好办法。

表4-1 **业务外包的主要测度方法**

测度方法（原理）	作者
将外包行为分为9种，企业采取外包则计为1，否则计为0，将得数相加即为企业外包程度	Arbaugh（2003）
自产自用投入要素支出除以年度销售额，对数值进行归一化处理，计算得出外包程度	纪志坚等（2007）
外包程度=某业务外包费用÷整个业务部门费用	Kazuyuk & Xiao Yun（2007）
按照业务类型将外包行为分类，运用李克特量表进行测度	KLass（2002）
将企业日常活动分类，设计调查问卷，由被调查者选择采取外包的活动 每项活动的外包程度=该项活动采取外包的人数÷总人数 外包深度=每项活动的外包程度（百分比）之和÷业务活动数量	Gilley & Rasheed（2000）
FH指标=i部门吸收的进口投入品的价值（IOS）÷i部门的总产出（Y）	Feenstra & Hanson（1996）、Feenstra & Hanson（1999）、Geishecker（2006）

数据来源：作者根据相关文献整理所得。

综合考量测度方法的准确性、数据获取的成本等因素，本章借鉴Arbaugh（2003）的研究，设置第三层次公允价值计量业务外包虚拟变量（FV_OS），若在企业财务报告公允价值计量与披露章节中，出现"第三方评估机构""某资产评估机构""某咨询公司""某会计师事务所"等字样，则认为第三层次公允价值计量业务发生外包[①]，FV_OS取值为1，否则取值为0。

① 值得注意的是，由于企业财务报告公允价值计量与披露章节中，并未详细披露第三方评估机构的公允价值计量范围，因而我们无从知道这个业务外包是单独外包还是综合外包。

4.2.3 模型设定

为了检验研究假设H1，本章借鉴Ettredge et al.（2014）的研究方法，构建了回归模型（4-1）用于检验第三层次公允价值计量业务外包对会计信息可靠性的影响。根据研究假设H1，本书预期系数α_2显著为正。

$$DA = \alpha_1 + \alpha_2 FV\_OS + \alpha_3 Control + \varepsilon \tag{4-1}$$

为了检验研究假设H2，本书借鉴Song et al.（2010）、黄继承和盛明泉（2013）、邓永勤等（2015）的研究，构建了回归模型（4-2）用于检验第三层次公允价值计量业务外包对会计信息相关性的影响。模型中，通过解释变量（FV_OS）的估计量β_2是否显著异于零衡量该变量是否具有增量会计信息相关性。根据研究假设H2，本书预期系数β_2显著异于零。

$$Value = \beta_1 + \beta_2 FV\_OS + \beta_3 Control + \delta \tag{4-2}$$

模型（4-1）中的DA表示企业的会计信息可靠性，模型（4-2）中的Value表示企业的价值，以企业市值为代理变量，模型（4-1）和模型（4-2）中的FV_OS表示企业第三层次公允价值计量业务外包虚拟变量，Control表示一组控制变量。

4.3 实证分析

4.3.1 描述性统计

表4-2报告了主要变量的描述性统计结果。从表中可以看出，会计信息可靠性（DA）的均值为0.070，中位数为0.040，表明不同企业的会计信息可靠性存在较大的差异，且少数企业的会计信息可靠性远低于平均水平。企业价值（Value）的均值为24.22，中位数为24.09，由于对企业价值进行了自然对数处理，导致表面上来看不同企业的价值差异不大，实质上不同企业的价值存在较大的差异。第三层次公允价值计量业务外包（FV_OS）的均值为0.040，表明约有4%的企业选择将第三层次公允价值计量业务外包给第三方评估机构。

表4-2 描述性统计结果

Variable	N	mean	sd	p25	p50	p75	min	max
DA	1 034	0.070	0.240	0.020	0.040	0.080	0.000	6.370
Value	1 034	24.22	1.440	23.13	24.09	25.19	21.23	28.23
FV_OS	1 034	0.040	0.200	0.000	0.000	0.000	0.000	1.000

数据来源：作者计算所得。

4.3.2 实证结果分析

表4-3报告了第三层次公允价值计量业务外包对会计信息可靠性、相关性影响的回归结果。

表4-3中第（1）列为第三层次公允价值计量业务外包对会计信息可靠性的影响。回归结果显示，FV_OS的估计系数为0.059，在10%的水平上显著，这说明第三层次公允价值计量业务外包降低了会计信息的可靠性，与本书假设H1的理论预期相反。这可能是由于企业规模较大、会计人员素质较高的企业倾向选择内部人员计量，而企业规模较小、会计人员素质较低的企业倾向选择将第三层次公允价值计量业务外包。结果导致，一方面，企业规模较大、会计人员素质较高的企业，内部控制完善，其会计信息可靠性本身较高，而将计量业务外包的企业，由于其企业规模较小，会计人员素质较低，内部控制不完善，计量核算得出的会计信息可靠性较低；另一方面，会计信息可靠性较低的企业，为了吸引投资者投资，可能会通过将计量业务外包，尤其是将第三层次公允价值计量业务外包，借助第三方评估机构良好的声誉，将企业本不可靠的第三层次公允价值信息“包装”为可靠、公允的会计信息，但其第三层次公允价值信息可靠性并未发生质的改变。此外，第三方评估机构在计量第三层次公允价值过程中，过度重视市场信息，忽视企业的私有信息，背离了会计信息的可靠性（王仲兵，2011），而且企业管理层对资产使用状况所拥有的信息优势以及会计准则的操作性问题，也很难保证估值结果的可靠性（徐玉德、洪金明，2012）。这些因素的累加，使得研究结论与预期的研究假设相反。

表4-3　　第三层次公允价值计量业务外包与会计信息质量的回归结果

Variable	(1) DA	(2) Value
FV_OS	0.059*	0.310*
	(1.67)	(1.86)
LEV	-0.001	-0.117***
	(-0.26)	(-7.96)
NS	-0.021***	0.888***
	(-2.72)	(24.03)
DS	-0.002	0.080***
	(-0.60)	(4.77)
TR	0.081	0.746**
	(1.21)	(2.36)
OI	-0.004***	0.002
	(-12.86)	(1.26)
ROA	-0.083***	0.845***
	(-2.74)	(5.92)
Sep	0.001	0.008**
	(1.43)	(2.08)
Estb	-0.001	-0.025***
	(-0.68)	(-4.26)
AT	0.000	0.000*
	(0.07)	(1.78)
DTL	-0.000	-0.001
	(-0.63)	(-0.50)
AQ	-0.012	0.206
	(-0.17)	(0.65)
Industry	Yes	Yes
Year	Yes	Yes
cons	0.354***	14.016***
	(3.06)	(25.79)
N	1034	1034
R^2	0.168	0.476
R^2_a	0.158	0.470
F	17.17	77.44

注：***、**、* 分别为在1%、5%、10%水平上显著；表中数据为各自变量的回归系数，括号内为t值。

数据来源：作者计算所得。

表4-3中第（2）列为第三层次公允价值计量业务外包对会计信息相关性的影响。回归结果显示，FV_OS的估计系数为0.310，在10%的水平上显著。这说明第三层次公允价值计量业务外包具有增量的信息含量，提高了会计信息的相关性。这与本书假设H2的理论预期一致。可见，资本市场中的理性投资者能够有效地分辨出不同评估主体下的会计信息含量，并对企业的未来价值进行评估。

4.4 稳健性检验

4.4.1 关于变量度量误差的稳健性检验

变量测度误差会导致研究结论产生偏误，本书对会计信息可靠性、企业价值、偿债能力、税收负担、盈利能力、经营能力、审计质量等关键变量进行了替换，以非绝对值处理的盈余管理程度aDA作为会计信息可靠性DA的替代变量，以账面市值比EValue作为企业价值Value的替代变量，以权益乘数QY作为偿债能力LEV的替代变量，以流转税率LZ作为税收负担TR的替代变量，以总资产净利润率ROA’作为盈利能力ROA的替代变量，以总资产周转率TAT作为经营能力AT的替代变量。本书采用改变变量测度方式后的变量对前述模型进行稳健性检验，改变变量测度方式的回归结果见表4-4。

表4-4中第（1）、（2）列为改变变量测度方式后，第三层次公允价值计量业务外包对会计信息质量（会计信息可靠性、会计信息相关性）的影响。

第（1）列为第三层次公允价值计量业务外包对会计信息可靠性的影响，回归结果显示，FV_OS的估计系数为0.100，在5%的水平上显著，进一步说明第三层次公允价值计量业务外包降低了会计信息的可靠性。

第（2）列为第三层次公允价值计量业务外包对会计信息相关性的影响，回归结果显示，FV_OS的估计系数为0.297，在10%的水平上显著，进一步说明第三层次公允价值计量业务外包具有增量的信息含量，提高了会计信息的相关性，前述研究结论是稳健的。

表4-4　　改变变量测度方式的回归结果

Variable	(1) aDA	(2) EValue
FV_OS	0.100**	0.297*
	(2.50)	(1.76)
QY	-0.003	-0.138***
	(-0.80)	(-8.69)
NS	-0.018**	0.932***
	(-2.01)	(23.98)
DS	-0.002	0.081***
	(-0.54)	(4.66)
LZ	-0.037	3.288***
	(-0.17)	(3.50)
OI	-0.003***	0.001
	(-8.64)	(0.63)
ROA'	0.042	3.852***
	(0.17)	(3.75)
Sep	0.000	0.007*
	(0.18)	(1.85)
Estb	-0.001	-0.021***
	(-0.41)	(-3.38)
TAT	-0.031**	-0.059
	(-2.33)	(-1.06)
DTL	0.002**	-0.003
	(2.01)	(-0.82)
AQ	0.015	0.590
	(0.14)	(1.34)
Industry	Yes	Yes
Year	Yes	Yes
cons	0.262*	13.005***
	(1.67)	(19.56)
N	952	952
R^2	0.097	0.484
R^2_a	0.086	0.477
F	8.442	73.39

注：***、**、*分别为在1%、5%、10%水平上显著；表中数据为各自变量的回归系数，括号内为t值。

数据来源：作者计算所得。

4.4.2 考虑内生性问题的稳健性检验

考虑内生性问题对研究结果产生的影响，本章加入工具变量进行二阶段最小二乘法（2SLS）回归，借鉴陈志斌等（2017）、黄贤环（2018）、孙武军等（2017）的研究，以第三层次公允价值计量业务外包的滞后一期作为工具变量进行二阶段最小二乘法（2SLS）回归，以缓解内生性问题对研究结论可能产生的影响。由于滞后一期的第三层次公允价值计量业务外包与当期第三层次公允价值计量业务外包状况密切相关，满足工具变量的相关性要求。同时，第三层次公允价值计量业务外包只会影响当期的会计信息质量，滞后一期的第三层次公允价值计量业务外包与当期会计信息质量无关，同时满足与随机误差项不相关的假定。

表4-5报告了以第三层次公允价值计量业务外包的滞后一期作为工具变量进行二阶段最小二乘法（2SLS）回归，第三层次公允价值计量业务外包对会计信息质量（会计信息可靠性、会计信息相关性）的影响。

第（1）列为第三层次公允价值计量业务外包对会计信息可靠性的影响，回归结果显示，FV_OS的估计系数为0.139，在1%的水平上显著，进一步说明在考虑内生性问题对研究结论可能造成的偏误下，依然得出研究结论：第三层次公允价值计量业务外包降低了会计信息的可靠性。

第（2）列为第三层次公允价值计量业务外包对会计信息相关性的影响，回归结果显示，FV_OS的估计系数为0.053，在10%的水平上显著，进一步说明在考虑内生性问题的影响下，第三层次公允价值计量业务外包具有增量的信息含量，提高了会计信息的相关性，前述研究结论是稳健的。

4.4.3 考虑选择性偏差的稳健性检验

2014年1月，我国首次印发《企业会计准则第39号——公允价值计量》，当年7月起实施公允价值计量准则，短时间内企业对第三层次公

表4-5　　　　**2SLS方法下的回归结果**

Variable	(1) DA	(2) Value
FV_OS	0.139***	0.053*
	(3.49)	(1.68)
LEV	0.000	-0.154***
	(0.02)	(-3.86)
NS	-0.017**	0.699***
	(-1.98)	(11.04)
DS	-0.003	0.046*
	(-0.85)	(1.83)
TR	0.004	-0.323
	(0.05)	(-0.50)
OI	-0.001*	0.003
	(-1.88)	(0.76)
ROA	-0.038	0.866***
	(-1.22)	(3.71)
Sep	-0.000	-0.001
	(-0.38)	(-0.20)
Estb	-0.000	-0.026***
	(-0.07)	(-2.64)
AT	-0.000	0.000
	(-0.28)	(0.26)
DTL	0.000	-0.005
	(0.52)	(-1.32)
AQ	-0.053	-0.035
	(-0.49)	(-0.04)
Industry	Yes	Yes
Year	Yes	Yes
cons	0.335**	17.433***
	(2.08)	(14.46)
N	320	320
R^2_a	0.067	0.440
Prob（F-statistic）	0.009	0.000

注：***、**、* 分别为在1%、5%、10%水平上显著；表中数据为各自变量的回归系数，括号内为t值。

数据来源：作者计算所得。

允价值计量模式运用与核算尚难以适应，可能会出现样本选择性偏差，从而对研究结论造成偏差。为避免样本选择的非随机性，借鉴杜勇等（2017）的研究方法，本节将样本的时间区间从2014—2019年调整为2016—2019年，再次进行多元线性回归检验。实证结果见表4-6。该表报告了第三层次公允价值计量业务外包对会计信息质量（会计信息可靠性、会计信息相关性）的影响。

表4-6 **改变样本时间区间后的回归结果**

Variable	(1) DA	(2) Value
FV_OS	0.067*	0.456**
	(1.67)	(2.44)
LEV	-0.001	-0.125***
	(-0.25)	(-7.93)
NS	-0.020**	0.892***
	(-2.37)	(22.55)
DS	-0.002	0.078***
	(-0.55)	(4.29)
TR	0.082	0.618*
	(1.17)	(1.90)
OI	-0.004***	0.002
	(-12.48)	(1.47)
ROA	-0.082**	0.818***
	(-2.58)	(5.56)
Sep	0.001	0.009**
	(1.17)	(2.26)
Estb	-0.000	-0.020***
	(-0.33)	(-3.18)

续表

Variable	(1) DA	(2) Value
AT	-0.000	0.000*
	(-0.12)	(1.78)
DTL	-0.000	-0.000
	(-0.60)	(-0.41)
AQ	-0.017	0.217
	(-0.24)	(0.67)
Industry	Yes	Yes
Year	Yes	Yes
cons	0.337***	13.837***
	(2.76)	(24.45)
N	938	938
R^2	0.173	0.465
R^2_a	0.162	0.458
F	16.15	67.05

注：***、**、*分别为在1%、5%、10%水平上显著；表中数据为各自变量的回归系数，括号内为t值。

数据来源：作者计算所得。

第（1）列为第三层次公允价值计量业务外包对会计信息可靠性的影响，回归结果显示，FV_OS的估计系数为0.067，在10%的水平上显著，进一步说明在考虑样本选择性偏差后，第三层次公允价值计量业务外包依然降低会计信息的可靠性。

第（2）列为第三层次公允价值计量业务外包对会计信息相关性的影响，回归结果显示，FV_OS的估计系数为0.456，在5%的水平上显著，进一步说明在考虑样本选择性偏差的影响下，第三层次公允价值计量业务外包依然具有增量的信息含量，提高了会计信息的相关性，前述研究结论是稳健的。

4.5 进一步研究：企业规模的调节作用

现已证明第三层次公允价值计量业务外包降低了会计信息的可靠性，可能是由于企业规模较大、会计人员素质较高的企业倾向选择内部人员计量，而企业规模较小、会计人员素质较低的企业倾向选择将第三层次公允价值计量业务外包。为了验证以上解释，本节进一步研究企业规模对第三层次公允价值计量业务外包与会计信息质量之间的关系的影响。

一般而言，相对于中小型企业，大型企业在福利待遇、薪酬奖励、工作环境等方面具有相对的优势，因此每年毕业季吸引着大量的优秀毕业生前去应聘，而优秀的大学毕业生也更倾向选择大型企业，导致大型企业拥有更多的选择权利，从而，大型企业的会计人员素质更高。我们可以合理预期，相对于大型企业，第三层次公允价值计量业务外包对中小型企业的会计信息可靠性降低作用更加显著，同时第三层次公允价值计量业务外包对中小型企业的会计信息相关性提高作用更加显著。

根据工业和信息化部、国家统计局、国家发展改革委、财政部《关于印发中小企业划型标准规定的通知》(工信部联企业〔2011〕300号)，以《国民经济行业分类》(GB/T4754—2017) 为基础，国家统计局于2017年12月28日发布《统计上大中小微型企业划分办法 (2017)》，以规范中小型企业。本书依据《统计上大中小微型企业划分办法 (2017)》中的分类方法，根据企业所属行业，以及企业的从业人员、营业收入、资产总额，将企业划分为大、中、小、微型企业。由于本书研究样本为沪深A股上市公司，样本分类结果仅有大、中型企业两类。

借鉴祝继高和陆正飞 (2011)、王跃堂等 (2010)、田峰和吴秋生 (2016)、周华和谭跃 (2018) 的研究方法，设置企业规模虚拟变量 (Size)，若企业为中型企业，则取值为1，否则为0。在模型 (4-1) 和模型 (4-2) 的基础上，增加第三层次公允价值计量业务外包和企业规模的调节项FV_OS*Size进行回归检验，控制变量与前述模型的控制变量保持一致。回归结果见表4-7。

表4-7　　企业规模的调节效应回归结果

Variable	(1) DA	(2) Value
FV_OS	-0.007	0.206
	(-0.18)	(1.26)
Size	0.007	-0.827***
	(0.25)	(-6.52)
FV_OS*Size	0.437***	-0.795*
	(4.21)	(-1.72)
LEV	-0.001	-0.064***
	(-0.24)	(-4.59)
NS	-0.017**	0.781***
	(-2.17)	(22.48)
DS	-0.005	0.074***
	(-1.48)	(4.81)
TR	0.026	-0.178
	(0.38)	(-0.58)
OI	-0.003***	0.001
	(-9.91)	(0.98)
ROA	-0.093***	0.670***
	(-3.19)	(5.14)
Sep	0.001	0.002
	(0.91)	(0.74)
Estb	-0.001	-0.017***
	(-0.77)	(-3.21)
AT	-0.000*	0.000
	(-1.94)	(0.24)
DTL	-0.000	-0.000
	(-0.54)	(-0.24)
AQ	0.003	-0.077
	(0.05)	(-0.27)
Industry	Yes	Yes
Year	Yes	Yes
cons	0.646***	16.403***
	(5.27)	(30.06)
N	1034	1034
R^2	0.257	0.581
R^2_a	0.239	0.571
F	14.51	58.29

注：***、**、*分别为在1%、5%、10%水平上显著；表中数据为各自变量的回归系数，括号内为t值。

数据来源：作者计算所得。

表4-7列示了企业规模对第三层次公允价值计量业务外包与会计信息可靠性、相关性关系的调节作用的回归结果。

第（1）列报告了企业规模对第三层次公允价值计量业务外包与会计信息可靠性关系的调节作用。回归结果显示，调节项FV_OS*Size的估计参数为0.437，在1%的水平上显著。这一结果表明，相对于大型企业，在中型企业中第三层次公允价值计量业务外包降低会计信息可靠性的作用更加显著。

大型企业往往与政府存在一定的政治关联，使得其更易获取政府提供的关键资源，比如各项补贴、银行贷款等，其所受的融资约束相对更小（Ahmed and Duellman，2013），面临的市场竞争压力也相对较小。此外，政府监管者、社会媒体、外部投资者对大型企业的多维一体监督管理使得第三层次公允价值计量模式中的估计与判断受企业负责人利益导向的影响空间大大压缩，第三层次公允价值信息的可靠性得到保障。

而在中型企业中，大多处于完全竞争市场，利润至上，企业经营业绩不佳，投资者就会"用脚投票"，因此，中型企业更有动机和动力运用第三层次公允价值计量模式进行盈余操纵。中型企业借助其与第三方评估机构在信息不对称中的优势地位，通过向第三方评估机构提供符合其经济利益的相关基础参数、假设等信息，经第三方评估机构"包装"后对外发布相关计量信息，一方面取得金融机构的信任进而获取银行贷款，另一方面骗取投资者的信任进而稳定企业市值。

这一研究结论在一定程度上也检验了前述研究结论的稳健性。一般而言，相对于中型企业，大型企业的人员专业素质更高，使其更愿意将第三层次公允价值计量模式业务交付企业内部会计人员完成，而中型企业不具备计量与核算第三层次公允价值的资质，而选择将相关业务外包，同时借助第三方评估机构的声誉，包装其第三层次公允价值信息，以迎合金融机构和投资者。

第（2）列报告了企业规模对第三层次公允价值计量业务外包与会计信息相关性关系的调节作用。回归结果显示，调节项FV_OS*Size的估计参数为-0.795，在10%的水平上显著。这一结果表明，在中型企业中，第三层次公允价值计量业务外包能够带来增量的会计信息相关性，从而提高了会计信息的相关性。

在有效市场假说下，资本市场中的理性投资者能够对包括会计信息在内的市场信息作出无偏估计，这种信息不仅是指会计盈余信息，还包括会计风险信息。相对于中型企业，大型企业往往与政府存在一定的政治关联，使得大型企业在经营中拥有更多的竞争优势，比如垄断行业特许经营权、较低的融资成本、国家项目招投标等，且大型企业享有一定的预算软约束，即使资不抵债，依然亏而不倒。特别是宏观经济出现较大波动或经济危机时，大型企业往往能够获取政府的补贴或某种支持。资本市场中的理性投资者能够有效地解读此类信息，认为大型企业的风险是可控的，从而使得大型企业将第三层次公允价值计量业务外包并未带来增量的会计信息相关性。而中型企业的经营风险较高，企业代理人需要兢兢业业为企业创造价值。资本市场的理性投资者能够有效识别大型企业与中型企业的这种风险差异，因而对中型企业的会计信息更为敏感。中型企业将第三层次公允价值计量业务外包给第三方评估机构后，投资者洞穿了中型企业将第三层次公允价值计量业务外包，以包装会计信息的"阴谋"，从而使得中型企业将第三层次公允价值计量业务外包能够带来增量的会计信息相关性，并给予此类企业更低的市场价值估值。

4.6 本章小结

本章以2014—2019年沪深两市A股运用第三层次公允价值计量模式的上市公司为样本，实证检验了第三层次公允价值计量业务外包对会计信息可靠性和相关性的影响。研究发现，第三层次公允价值计量业务外包降低了会计信息的可靠性，提高了会计信息的相关性。通过采用替换变量、二阶段最小二乘法（2SLS）和改变样本时间区间等方法，考虑变量度量误差、内生性问题、样本选择偏误等问题，本书的研究结论依然稳健。

进一步地，我们选取企业规模作为第三层次公允价值计量模式运用与会计信息相关性关系的调节因素，研究企业规模对二者关系的调节作用。研究发现，相对于大型企业，第三层次公允价值计量业务外包对中型企业的会计信息可靠性降低更显著，同时第三层次公允价值计量业务外包提高了中型企业的会计信息相关性。

本书的研究结论说明，虽然总体上，第三层次公允价值计量模式运用并不影响会计信息的可靠性，但显著提高了会计信息的相关性。但是具体到评估主体上，不同评估主体计量下的会计信息质量并不一致，将第三层次公允价值计量业务外包的企业，由于其会计信息可靠性本身较低，将相关计量业务外包给第三方评估机构后，会计信息的可靠性并未发生质的改变，但投资者洞穿了此类企业在会计信息可靠性方面可能存在的问题，从而在资本市场中给予了更低的市场价值估值反馈。大型企业在国家监管者、社会媒体、外部投资者等多方的监督下，加之其良好的内部控制环境，保障了会计信息的可靠性，使得其运用第三层次公允价值计量模式并不影响会计信息的可靠性；同时，投资者能够认知到大型企业与中型企业在经营风险上存在的差异，认为大型企业的风险是可控的，而中型企业由于内部控制环境薄弱，人员专业素质较低，其将第三层次公允价值计量业务外包出于“包装”会计信息的目的，但其会计信息可靠性并未发生质的改变。投资者已关注到中型企业的这种动机与行为，并从资本市场通过调整股价回应中型企业的这种行为。

第5章　第三层次公允价值计量模式运用范围与会计信息质量

《企业会计准则第39号——公允价值计量》中规定，企业根据公允价值所使用的输入值来源划分为三个层次，即以市场价格为输入值的第一层次公允价值、以相关资产（负债）交易价格为输入值的第二层次公允价值、以估值模型为输入值的第三层次公允价值。公允价值计量层次的选择，由对公允价值计量整体而言有重要影响意义的输入值所属最低计量层次决定。当资产或负债在活跃市场中无法获取可观察输入值或不存在活跃市场时，才可运用估值模型确定不可观察输入值，划分为第三层次公允价值。是否存在活跃市场、活跃市场中的可观察输入值是否可以获取依赖于公允价值计量人员的专业能力水平和职业道德水准。那么，第三层次公允价值计量模式运用范围是否适当？不同运用范围如何影响会计信息可靠性和会计信息相关性？以下将从理论角度分析第三层次公允价值计量模式运用范围的适当性与会计信息可靠性、相关性的关系，并从实证角度对二者关系进行检验。

5.1 理论分析与研究假设

5.1.1 第三层次公允价值计量模式运用范围偏离度与会计信息可靠性

第三层次公允价值输入值来源于企业内部估值模型下确定的不可观察输入值，企业在确定不可观察输入值时，公允价值计量准则要求企业使用可获取的最佳信息。但是由于第三层次公允价值计量模式涉及很多企业内部估计、假设等自有信息（许新霞，2011），这些信息在资本市场中并无相关参考信息，企业管理层与投资者之间的这种信息不对称，很可能导致企业管理层更多地采用有利于其自身的信息，而非资产（负债）在当前情况下可获取的最佳信息，从而形成盈余操纵的空间。

政府主管部门已经预见企业可能会利用第三层次公允价值计量模式中的主观估计、假设等进行盈余操纵，因此，在公允价值计量准则中，对第三层次公允价值输入值的确定提出苛刻要求，如：在其他市场参与者采用不同于企业自有信息的其他数据的情况下，企业需要对其自有信息进行调整；企业运用第三层次公允价值需要披露估值技术、假设、估值流程以及假设发生输入值的改变对企业造成的影响程度等信息。同时，现代互联网信息技术的发展极大地提高了投资者获取第三层次公允价值信息的便利性，且降低了投资者获取相关信息的成本和处理相关信息的成本，企业大范围地运用第三层次公允价值输入值进行盈余操纵，被理性投资者发现的概率大大提高。

因此，理性的企业管理层虽有调整第三层次公允价值计量模式运用范围，以达到调整企业盈余的动机，但被发现的风险远高于调整盈余获得的收益，企业管理层不大可能大范围地运用第三层次公允价值计量模式进行盈余操纵，即使进行盈余操纵，也仅仅在小范围内进行运用，但这种小范围的运用，并不会对企业的整体会计信息可靠性产生显著影响。

基于此，本书提出如下研究假设H1：

H1：第三层次公允价值计量模式运用范围偏离度并不影响会计信息的可靠性。

5.1.2 第三层次公允价值计量模式运用范围偏离度与会计信息相关性

权责发生制下，会计信息反映了企业经济资源和要求权的变化，有助于投资者评价企业未来的收益和风险。会计信息的相关性与企业的风险是相关联的（叶康涛等，2014）。而第三层次公允价值计量模式运用范围与行业平均水平的差异在很大程度上影响着企业的风险。

当企业的第三层次公允价值计量模式运用范围与同行业近似时，往往更符合国家监管部门的要求，从而更易得到政府的支持，获取企业发展所需的资源（Meyer and Rowan，1977）。同时，由于接近行业平均水平的第三层次公允价值计量模式运用范围，往往已被证实行业风险较低，企业直接模仿行业平均水平的第三层次公允价值计量模式运用范围，能够有效地减少试错成本，降低企业的决策风险。

第三层次公允价值计量模式只有在合适的范围内才可使用（吴秋生、田峰，2018）。当企业的第三层次公允价值计量模式运用范围偏离行业平均水平时，这种运用范围的偏离一方面会使潜在的收益变大，但潜在的风险也随之变大，导致企业的经营风险增大；另一方面，企业第三层次公允价值计量模式运用范围偏离行业平均水平，会使投资者更难理解企业的意图，从而加重信息不对称程度，由于投资者无法辨别差异，会要求更高的风险报酬率以弥补信息风险。此外，企业异于同行业平均水平的第三层次公允价值运用范围，这种“鹤立鸡群”会引起政府监管者、社会媒体、专家学者等群体的跟踪、调查、分析，提高投资者的关注度。

基于此，本书提出如下研究假设H2：

H2：企业第三层次公允价值计量模式运用范围越偏离行业平均水

平，会计信息的相关性越高。

5.2 研究设计

5.2.1 样本选择与数据来源

为研究我国企业第三层次公允价值计量模式运用范围对会计信息质量的影响，本章选择2014—2019年沪深两市A股运用第三层次公允价值计量模式的上市公司为初始样本。

本书通过巨潮资讯网下载我国上市公司年报，手工整理以第三层次公允价值计量的资产和负债，上市公司相关数据均来源于国泰安金融数据库（CSMAR）。本书对初始样本观测值依次进行如下处理：①剔除金融行业的样本；②剔除PT和ST特殊处理的样本；③剔除相关财务数据缺失的样本；④为了消除异常值的影响，本章对所有连续变量进行了1%和99%的Winsorize缩尾处理。经过筛选，最终获得1 052个样本观测值。本书使用的统计软件为Stata 15.0和Excel。

5.2.2 第三层次公允价值计量模式运用范围偏离度的测度

借鉴叶飞腾等（2017）、张先治等（2018）等学者的研究方法，根据证监会发布的《上市公司行业分类指引》（2012年修订），将上市公司按照归属的行业大类分组，本书选取同一行业内公司的第三层次公允价值计量模式运用范围作为基准①，以企业第三层次公允价值计量的资产和负债总额与同一大类行业下平均水平的差值除以同一大类行业平均水平作为第三层次公允价值计量模式运用范围偏离度（FV_fw）的测度指标。计算方法如模型（5-1）所示：

$$FV\_fw_{i,j}=\frac{\left(FV3\_a_{i,j}+FV3\_d_{i,j}\right)-E\left(FV3\_a_{j}+FV3\_d_{j}\right)}{E\left(FV3\_a_{j}+FV3\_d_{j}\right)} \tag{5-1}$$

其中，$FV_fw_{i,j}$表示j行业中i企业第三层次公允价值计量模式运用

① 由于本书研究样本量的不足，此处未选取同一年份且同一行业内公司的第三层次公允价值计量模式运用范围作为基准。

范围偏离度；$FV3_a_{i,j}$表示j行业中i企业以第三层次公允价值计量的资产规模；$FV3_d_{i,j}$表示j行业中i企业以第三层次公允价值计量的负债规模；E（$FV3\_a_j+FV3\_d_j$）表示j行业全部企业以第三层次公允价值计量的资产和负债平均水平。

5.2.3 模型设定

本章采用四分位数统计分析方法，将第三层次公允价值计量模式运用范围偏离度分为三组。第三层次公允价值计量模式运用范围偏离度低于第一四分位数的样本企业和高于第三四分位数的样本企业记为运用范围偏离组，处于第一四分位数和第三四分位数区间的样本企业记为运用范围持平组。

为了检验研究假设H1，构建了回归模型（5-2），分组检验不同第三层次公允价值计量模式运用范围偏离度下，对会计信息可靠性的影响。根据研究假设H1，本书预期系数α_2的显著性检验均没有通过。

$$DA = \alpha_1 + \alpha_2 FV\_fw + \alpha_3 Control + \varepsilon \tag{5-2}$$

为了检验研究假设H2，本书借鉴Song et al.（2010）、黄继承和盛明泉（2013）、邓永勤等（2015）的研究，构建了回归模型（5-3），分组检验不同第三层次公允价值计量模式运用范围偏离度下，对会计信息相关性的影响。模型中，通过解释变量（FV_fw）的估计量β_2是否显著异于零，来衡量该变量是否具有增量会计信息相关性。根据研究假设H2，本书预期运用范围偏离组的系数β_2显著异于零。

$$Value = \beta_1 + \beta_2 FV\_fw + \beta_3 Control + \delta \tag{5-3}$$

模型（5-2）中的DA表示企业的会计信息可靠性，模型（5-3）中的Value表示企业的价值，以企业市值为代理变量，模型（5-2）和模型（5-3）中的FV_fw表示企业第三层次公允价值计量模式运用范围偏离度，Control表示一组控制变量。

5.3 实证分析

5.3.1 描述性统计分析

表5-1报告了主要变量的描述性统计结果。从表中Panel A可以看出，会计信息可靠性（DA）的均值为0.07，中位数为0.04，表明不同企业的会计信息可靠性存在较大的差异，且少数企业的会计信息可靠性远低于平均水平。企业价值（Value）的均值为24.21，中位数为24.08，由于对企业价值进行了自然对数处理，导致表面上不同企业的价值差异不大，实际上不同企业的价值存在较大的差异。第三层次公允价值计量模式运用范围偏离度（FV_fw）的均值为0.01，中位数为-0.82，表明不同企业之间第三层次公允价值计量模式运用范围偏离度差异较大，少数企业第三层次公允价值计量模式运用范围偏离度远高于整体平均水平。

表5-1 **描述性统计结果**

Variable	N	mean	sd	p25	p50	p75	min	max
Panel A：全样本								
DA	1052	0.07	0.240	0.02	0.04	0.08	0.00	6.37
Value	1052	24.21	1.440	23.12	24.08	25.18	21.23	28.23
FV_fw	1052	0.01	3.04	−0.96	−0.82	−0.34	−1.00	47.40
Panel B：运用范围持平组								
DA	526	0.07	0.29	0.02	0.04	0.08	0.00	6.37
Value	526	24.41	1.54	23.18	24.37	25.61	21.23	28.23
FV_fw	526	0.79	4.15	−0.99	−0.65	0.70	−1.00	47.40
Panel C：运用范围偏离组								
DA	526	0.07	0.18	0.02	0.04	0.08	0.00	3.20
Value	526	24.01	1.32	23.09	23.90	24.71	21.35	28.15
FV_fw	526	−0.77	0.16	−0.91	−0.82	−0.66	−0.96	−0.34

数据来源：作者计算所得。

进一步地，我们采用四分位数统计分析方法，将第三层次公允价值计量模式运用范围偏离度分为持平组和偏离组，分别进行了描述性统计，结果见表5-1中Panel B、Panel C。

从表5-1的Panel B、Panel C中可看出，第三层次公允价值计量模式运用范围不同偏离程度下（分为运用范围持平组、运用范围偏离组），企业会计信息可靠性（DA）的均值（中位数）分别为0.07（0.04）、0.07（0.04），初步说明在企业第三层次公允价值计量模式运用范围不同偏离程度下，会计信息的可靠性并未有明显的差异；企业价值（Value）的均值（中位数）分别为24.41（24.37）、24.01（23.90），从中可以初步看出，相比于第三层次公允价值计量模式运用范围持平组，偏离组企业的价值更低。

5.3.2 实证结果分析

表5-2报告了不同的第三层次公允价值计量模式运用范围偏离度下，对会计信息可靠性、相关性影响的回归结果及基于似无相关模型（suest）的组间系数差异检验。

其中，第（1）列至第（2）列为不同的第三层次公允价值计量模式运用范围偏离度对会计信息可靠性的影响。回归结果显示，第三层次公允价值计量模式运用范围持平组和偏离组的FV_fw估计参数分别为-0.024、-0.001，但均未能通过显著性检验。这表明，无论企业的第三层次公允价值计量模式运用范围偏离同行业平均水平，还是持平于同行业平均水平，对会计信息的可靠性均不存在显著的影响。研究假设H1得到验证，即在其他条件不变的情况下，第三层次公允价值计量模式运用范围偏离度不影响会计信息的可靠性。

第（3）列至第（4）列为不同的第三层次公允价值计量模式运用范围偏离度对会计信息相关性的影响。回归结果显示，第三层次公允价值计量模式运用范围持平组和偏离组的FV_fw估计参数分别为0.700、0.065，且均在1%的水平上显著，t值分别为3.01、6.19。这表明相对于持平组企业，偏离组企业第三层次公允价值计量模式运用范围偏离行业平均水平时，与企业价值具有更高的相关性，即会计信息的相关性更高。研究假设H2得到验证。基于似无相关模型（suest）的组间系数差异检验结果显示，FV_fw的估计系数在持平组和偏离组之间存在显著的差异，P值为0.0086，表明持平组和偏离组的会计信息相关性存在显著的差异。

表5-2 **第三层次公允价值计量模式运用范围与会计信息质量的回归结果**

Variable	(1) 持平组	(2) 偏离组	(3) 持平组	(4) 偏离组
	DA	DA	Value	Value
FV_fw	-0.024	-0.001	0.700***	0.065***
	(-0.75)	(-0.22)	(3.01)	(6.19)
	Chi2 (1) =1.01 Prob>chi2=0.3145		Chi2 (1) =6.91 Prob>chi2=0.0086	
LEV	0.055*	-0.0640	2.079***	2.120***
	(1.72)	(-0.77)	(9.16)	(7.60)
NS	-0.009	-0.019	0.675***	0.735***
	(-1.37)	(-1.35)	(14.09)	(15.11)
DS	-0.005*	-0.009	0.047**	0.096***
	(-1.69)	(-1.41)	(2.42)	(4.41)
TR	0.026	0.033	2.745***	-0.602*
	(0.19)	(0.35)	(2.87)	(-1.87)
OI	-0.004***	-0.003***	0.003**	0.000
	(-21.91)	(-2.87)	(2.27)	(0.13)
ROA	-0.088***	-0.078*	1.244***	0.799***
	(-2.78)	(-1.87)	(5.47)	(5.72)
Sep	-0.000	0.002	0.007	0.002
	(-0.36)	(1.19)	(1.63)	(0.48)
Estb	0.000	-0.002	-0.025***	-0.024***
	(0.45)	(-0.86)	(-3.66)	(-3.01)
AT	-0.000**	0.000	0.000	0.001**
	(-2.58)	(0.21)	(1.32)	(2.02)
DTL	-0.000	-0.002	0.000	-0.011*
	(-0.68)	(-0.89)	(0.18)	(-1.76)
AQ	-0.042	-0.023	0.202	0.223
	(-0.84)	(-0.21)	(0.56)	(0.61)
Ind	Yes	Yes	Yes	Yes
Year	Yes	Yes	Yes	Yes
cons	0.425***	0.877***	15.918***	14.739***
	(4.08)	(4.08)	(21.31)	(20.34)
N	526	526	526	526
R^2	0.583	0.135	0.598	0.649
R^2_a	0.564	0.097	0.580	0.634
F	31.92	3.560	34.00	42.30

注：***、**、*分别为在1%、5%、10%水平上显著；表中数据为各自变量的回归系数，括号内为t值。

数据来源：作者计算所得。

5.4 稳健性检验

5.4.1 关于变量度量误差的稳健性检验

变量测度误差会导致研究结论产生偏误，本书对会计信息可靠性、企业价值、偿债能力、税收负担等关键变量进行了替换，以非绝对值处理的盈余管理程度aDA作为会计信息可靠性DA的替代变量，以不含负债价值的企业总市值EValue作为企业价值Value的替代变量，以权益乘数QY作为偿债能力LEV的替代变量，以流转税率LZ作为税收负担TR的替代变量，以总资产净利润率ROA’作为盈利能力ROA的替代变量，以总资产周转率TAT作为经营能力AT的替代变量。本书采用改变变量测度方式后的变量对前述模型进行稳健性检验，改变变量测度方式的回归结果见表5-3。

表5-3中第（1）、（2）列为改变变量测度方式后，第三层次公允价值计量模式不同的运用范围偏离度对会计信息可靠性的影响。回归结果显示，第三层次公允价值计量模式运用范围持平组和偏离组的FV_fw估计参数分别为-0.042、-0.001，但均未能通过显著性检验。进一步说明，在现有的规制条件下，企业的第三层次公允价值计量模式运用范围偏离度对会计信息的可靠性并不存在显著的影响，表明前述研究结论是稳健的。

第（3）、（4）列为改变变量测度方式后，第三层次公允价值计量模式不同的运用范围偏离度对会计信息相关性的影响。回归结果显示，第三层次公允价值计量模式运用范围持平组和偏离组的FV_fw估计参数分别为0.619、0.069，且分别在5%、1%的水平上显著，其中持平组的t值为2.49，偏离组的t值为6.46，表明相对于持平组，偏离组的会计信息相关性更高。基于似无相关模型（suest）的组间系数差异检验结果显示，FV_fw的估计系数在持平组和偏离组之间存在显著的差异，P值为0.0226，表明持平组和偏离组的会计信息相关性存在显著的差异。稳健性检验结果进一步说明，企业第三层次公允价值计量模式运用范围偏离行业平均水平时，会计信息的相关性更高，表明前述研究结论是稳健的。

表5-3　　　　改变变量测度方式的回归结果

Variable	(1) 持平组	(2) 偏离组	(3) 持平组	(4) 偏离组
	aDA	aDA	EValue	EValue
FV_fw	-0.042	-0.001	0.619**	0.069***
	(-0.93)	(-0.30)	(2.49)	(6.46)
	Chi2 (1) =1.99 Prob>chi2=0.1588		Chi2 (1) =5.20 Prob>chi2=0.0226	
QY	0.026***	-0.017	0.228***	0.288***
	(4.60)	(-1.41)	(7.23)	(7.47)
NS	-0.014	-0.020	0.807***	0.817***
	(-1.54)	(-1.30)	(15.94)	(16.27)
DS	-0.008**	-0.009	0.064***	0.093***
	(-2.09)	(-1.32)	(3.04)	(4.11)
LZ	0.302	-0.099	-0.368	-2.921**
	(0.95)	(-0.27)	(-0.21)	(-2.49)
OI	-0.002***	0.000	0.001	-0.001
	(-7.59)	(0.01)	(1.17)	(-0.09)
ROA'	0.196	0.016	7.699***	6.199***
	(0.85)	(0.04)	(6.05)	(4.49)
Sep	-0.001	0.002	0.006	0.003
	(-1.37)	(1.42)	(1.38)	(0.56)
Estb	0.000	-0.001	-0.013*	-0.019**
	(0.13)	(-0.29)	(-1.78)	(-2.18)
TAT	0.006	0.011	0.031	0.061
	(0.44)	(0.41)	(0.45)	(0.72)
DTL	0.002**	0.001	0.002	-0.006
	(2.28)	(0.25)	(0.43)	(-0.83)
AQ	0.070	0.046	0.247	1.398**
	(0.82)	(0.27)	(0.53)	(2.55)
Ind	Yes	Yes	Yes	Yes
Year	Yes	Yes	Yes	Yes
cons	0.386**	0.830***	14.503***	12.824***
	(2.54)	(3.06)	(17.30)	(14.63)
N	485	481	481	485
R^2	0.290	0.125	0.644	0.589
R^2_a	0.257	0.083	0.627	0.569
F	8.596	2.987	37.66	30.10

注：***、**、*分别为在1%、5%、10%水平上显著；表中数据为各自变量的回归系数，括号内为t值。

数据来源：作者计算所得。

5.4.2 考虑选择性偏差的稳健性检验

为避免样本选择的非随机性，借鉴杜勇等（2017）的研究方法，本节将样本的时间区间从2014—2019年调整为2014—2017年，再次进行多元线性回归检验。实证结果见表5-4。

表5-4中第（1）、（2）列为调整样本时间区间后，不同第三层次公允价值计量模式运用范围偏离度对会计信息可靠性的影响。回归结果显示，第三层次公允价值计量模式运用范围持平组和偏离组的FV_fw估计参数分别为-0.001、0.00004，但均未能通过显著性检验。进一步说明，在现有的规制条件下，企业的第三层次公允价值计量模式运用范围偏离度对会计信息的可靠性并不存在显著的影响，表明前述研究结论是稳健的。

表5-4中第（3）、（4）列为调整样本时间区间后，不同第三层次公允价值计量模式运用范围偏离度对会计信息相关性的影响。回归结果显示，第三层次公允价值计量模式运用范围持平组和偏离组的FV_fw估计参数分别为0.025、0.002，分别在10%、5%的水平上显著，表明第三层次公允价值计量模式运用范围偏离行业平均水平时，会计信息的相关性更高。基于似无相关模型（suest）的组间系数差异检验结果显示，FV_fw的估计系数在持平组和偏离组之间存在显著的差异，P值为0.0902，表明持平组和偏离组的会计信息相关性存在显著的差异。稳健性检验结果进一步说明，前述研究结论是稳健的。

表5-4　　　　改变样本时间区间后的回归结果

Variable	（1） 持平组	（2） 偏离组	（3） 持平组	（4） 偏离组
	DA	DA	Value	Value
FV_fw	-0.001	0.00004	0.025*	0.002**
	（-0.34）	（0.44）	（1.79）	（2.42）
	Chi2 （1） =1.03 Prob>chi2=0.3107		Chi2 （1） =2.87 Prob>chi2=0.0902	
LEV	0.277**	0.060	-0.176	1.360***
	（2.61）	（1.06）	（-0.46）	（3.06）

续表

Variable	(1) 持平组	(2) 偏离组	(3) 持平组	(4) 偏离组
	DA	DA	Value	Value
NS	-0.007	-0.015	0.455***	0.074
	(-0.31)	(-1.41)	(5.76)	(0.89)
DS	-0.026***	-0.003	0.005	0.059**
	(-3.61)	(-0.93)	(0.20)	(2.59)
TR	-1.620***	-0.134*	0.402	-1.616***
	(-8.11)	(-1.96)	(0.55)	(-3.00)
OI	-0.001***	0.000	0.000	-0.002
	(-3.44)	(0.18)	(0.11)	(-0.53)
ROA	0.111	0.002	0.250	0.105***
	(0.89)	(0.40)	(0.55)	(2.70)
Sep	-0.003**	0.001	0.002	-0.019**
	(-2.14)	(1.05)	(0.34)	(-2.20)
Estb	-0.002	0.000	-0.008	-0.007
	(-0.84)	(0.02)	(-0.77)	(-0.56)
AT	0.077***	0.001***	-0.025	0.001
	(12.90)	(16.53)	(-1.13)	(1.54)
DTL	-0.002*	0.002	0.006	-0.017
	(-1.75)	(0.72)	(1.44)	(-1.01)
AQ	-0.024	0.001	0.538***	0.962***
	(-0.98)	(0.09)	(5.92)	(10.59)
Ind	Yes	Yes	Yes	Yes
Year	Yes	Yes	Yes	Yes
cons	0.485	0.238**	11.652***	8.268***
	(1.58)	(2.03)	(10.45)	(8.96)
N	174	175	174	175
R^2	0.774	0.776	0.851	0.893
R^2_a	0.687	0.673	0.794	0.843
F	8.900	7.504	14.87	18.03

注：***、**、*分别为在1%、5%、10%水平上显著；表中数据为各自变量的回归系数，括号内为t值。

数据来源：作者计算所得。

5.5 进一步研究：企业金融化水平的调节作用

根据《企业会计准则第39号——公允价值计量》的规定，第一、二层次公允价值来源于活跃市场中相同或类似资产（负债）的报价，当企业无法获取活跃市场或非活跃市场中的可观察输入值时，可运用第三层次公允价值进行计量。我们在手工整理第三层次公允价值计量信息的过程中发现，以第三层次公允价值计量的项目主要包括金融工具、衍生金融工具以及投资性房地产等。根据Demir（2009）、黄贤环等（2018）等对金融资产的定义，发现金融资产的内容与以第三层次公允价值计量的项目基本保持一致。我们可以合理预期，当第三层次公允价值计量模式运用范围与企业金融化水平相匹配时，会计信息的相关性更高。

由于上节已得出结论，第三层次公允价值计量模式运用范围偏离度并不影响会计信息的可靠性。因此，本节不对此部分进行调节效应检验，仅针对第三层次公允价值计量模式运用范围偏离度与会计信息相关性的关系进行调节效应检验。

借鉴张成思和张步昙（2016）、Seo et al.（2016）、刘贯春（2017）的研究，我们以企业的金融资产与年末总资产的比值作为企业金融化水平的测度指标，以金融化水平的中位数作为分组依据，将样本分为低度金融化和高度金融化。在模型（5-3）的基础上，分组检验企业不同的金融化水平下，第三层次公允价值计量模式运用范围偏离度对会计信息相关性的影响，控制变量与模型（5-3）中的控制变量保持一致。回归结果见表5-5。该表报告了企业在不同的金融化水平下，第三层次公允价值计量模式运用范围偏离度对会计信息相关性的影响。

如表5-5中第（1）、（2）列所示，当企业低度金融化时，第三层次公允价值计量模式运用范围偏低组的FV_fw估计参数为18.887，在5%的水平上显著；而第三层次公允价值计量模式运用范围偏高组的FV_fw估计参数为0.0210，没有通过显著性检验。基于似无相关模型（suest）的组间系数差异检验结果显示，FV_fw的估计系数在偏低组和偏高组之间存在显著的差异，P值为0.0179，可见偏低组和偏高组的会计信息相关性存在显著的差异。研究结论表明当企业低度金融化时，第三层次公允价值计量模式运用范围同步偏低的情况下，第三层次公允价值计量模式运用范围偏离度才能提高会计信息的相关性。

如表5-5中第（3）、（4）列所示，当企业高度金融化时，第三层次公允价值计量模式运用范围偏低组的FV_fw估计参数为22.700，在5%的水平上显著；第三层次公允价值计量模式运用范围偏高组的FV_fw估计参数为0.076，在1%的水平上显著。基于似无相关模型（suest）的组间系数差异检验结果显示，FV_fw的估计系数在偏低组和偏高组之间存在显著的差异，P值为0.0978，可见偏低组和偏高组的会计信息相关性存在显著的差异。研究结论表明当企业高度金融化时，第三层次公允价值计量模式运用范围同步偏高的情况下，第三层次公允价值计量模式运用范围偏离度更能提高会计信息的相关性。

表5-5 **企业金融化水平的调节效应回归结果**

Variable	(1) Value	(2) Value	(3) Value	(4) Value
	低度金融化样本		高度金融化样本	
	运用范围偏低组	运用范围偏高组	运用范围偏低组	运用范围偏高组
FV_fw	18.887**	0.0210	22.700**	0.076***
	(2.26)	(0.95)	(2.55)	(2.77)
	Chi2（1）=5.61 Prob>chi2=0.0179		Chi2（1）=2.74 Prob>chi2=0.0978	
LEV	2.594***	2.331***	2.130***	4.195***
	(3.51)	(2.65)	(3.85)	(7.52)
DS	0.062	0.032	0.139**	-0.020
	(0.92)	(0.67)	(2.02)	(-0.61)
TR	11.370**	8.251	-0.153	-1.873
	(2.35)	(1.49)	(-0.40)	(-1.59)
OI	0.024	0.032	0.001	-0.001
	(1.42)	(1.08)	(0.18)	(-0.27)
ROA	0.975**	4.662**	0.736**	5.129***
	(2.09)	(2.44)	(2.60)	(3.77)

续表

Variable	(1) Value	(2) Value	(3) Value	(4) Value
	低度金融化样本		高度金融化样本	
	运用范围偏低组	运用范围偏高组	运用范围偏低组	运用范围偏高组
Sep	0.014	−0.018	−0.012	0.003
	(1.13)	(−1.62)	(−1.06)	(0.31)
Estb	0.001	−0.043**	−0.055**	−0.027*
	(0.04)	(−2.08)	(−2.00)	(−1.70)
AT	−0.033	−0.111	−0.007	−0.002**
	(−0.35)	(−0.95)	(−1.31)	(−2.28)
DTL	0.017	0.000	0.002	−0.027
	(0.91)	(0.21)	(0.18)	(−0.42)
AQ	−0.668	0.009	1.195	0.000
	(−0.73)	(0.01)	(1.37)	(0.25)
Industry	Yes	Yes	Yes	Yes
Year	Yes	Yes	Yes	Yes
cons	40.684***	22.488***	43.013***	23.103***
	(4.86)	(16.97)	(4.79)	(36.43)
N	125	126	102	119
R^2	0.584	0.728	0.417	0.597
R^2_a	0.445	0.634	0.307	0.538
F	4.208	7.761	3.793	10.15

注：***、**、*分别为在1%、5%、10%水平上显著；表中数据为各自变量的回归系数，括号内为t值。

数据来源：作者计算所得。

综上可见，企业的金融化水平与第三层次公允价值计量模式运用范围偏离度相匹配时，能够进一步提高会计信息的相关性。

5.6 本章小结

本章以2014—2019年沪深两市A股运用第三层次公允价值计量模式的上市公司为样本，实证检验了第三层次公允价值计量模式运用范围偏离度对会计信息可靠性和相关性的影响。研究发现，第三层次公允价值计量模式运用范围偏离度并不影响会计信息的可靠性，但当第三层次公允价值计量模式运用范围偏离行业平均水平时，会计信息的相关性更高。考虑变量度量误差、内生性问题后，本书的研究结论依然稳健。

进一步地，我们研究了企业金融化水平对第三层次公允价值计量模式运用范围偏离度与会计信息相关性关系的影响。研究发现，企业的金融化水平与第三层次公允价值计量模式运用范围偏离度相匹配时，能够进一步提高会计信息的相关性。

本书的研究结论说明，在现行的准则规制和外部监管下，企业有选择地扩大或减小第三层次公允价值计量模式运用范围进行盈余管理并不可行，同时，企业第三层次公允价值计量模式运用范围偏离行业平均水平时，企业的风险更高，投资者往往给予更高的关注，会计信息的相关性也更高。企业的金融化水平需要与第三层次公允价值计量模式运用范围相匹配，这样才能提高会计信息的相关性。

第 6 章　第三层次公允价值计量方法与会计信息质量

准则规定，第三层次公允价值输入值可用市场法、收益法和成本法中的一种或多种进行计量。市场法是通过参考类似资产或负债的市场信息并调整进行估值，成本法是按照被评估资产的现时完全重置成本减去各项损耗或贬值等因素后进行估值，收益法是对被评估资产采用估值技术将预期未来收益转换为单一的现值。三种不同的第三层次公允价值计量方法在会计信息质量（包括会计信息可靠性、会计信息相关性）表现上是否存在差异？不同的第三层次公允价值计量方法如何影响会计信息质量？第三层次公允价值计量方法对会计信息质量的影响研究，对于提高第三层次公允价值计量信息的质量，降低第三层次公允价值计量风险，为投资者决策提供信息支撑具有重要意义。以下将从理论角度分析第三层次公允价值计量方法与会计信息可靠性、相关性的关系，并从实证角度对二者关系进行检验。

6.1 理论分析与研究假设

6.1.1 第三层次公允价值计量方法选择与会计信息可靠性

会计系统通过确认、计量、记录和报告，形成反映企业经营活动过程和结果的信息，而非直接对企业的经营活动过程和结果进行计量。这种会计“观念总结”的过程就是主观判断与估计的过程，且会计工作的开展还必须建立于一系列的会计假设之上（徐玉德，2009）。估计、假设和判断是会计所固有的，第三层次公允价值估值技术中的主观估计、假设和判断的空间决定了企业管理层的利润操纵空间。

市场法下，第三层次公允价值估值在很大程度上取决于相同或类似项目的市场成交价格（王燕、王煦，2010）。在市场经济发达的地区，各要素和产品市场价格可获取，且这些市场价格是可靠的（徐玉德，2009）。以市场法计量的第三层次公允价值，利润操纵空间主要来源于参照物的选择和参照物不可比因素的价格调整。参照物的选择，一般而言，需要尽可能多地获取交易案例，并从中选择与企业被估值资产或负债相似程度最高的参照物。由于活跃市场的交易案例是公开的、透明的，如果企业出于利润操纵的目的，选择与被估值资产或负债并不相似的参照物，在信息披露环节有很大的可能被投资者、监管部门、社会公众等所质疑。在相关规制和支持系统的约束下，能够相对准确地选择参照物，参照物准确选择在很大程度上决定了被估值资产或负债的价值准确性。同时，企业被估值资产或负债与参照物不可比的部分，需要企业进行估值调整，其中可能存在一定的盈余操纵空间，但是这种调整需要企业运用一定的模型，更多地运用活跃市场信息进行调整，而非企业私有信息，并披露相关参数的确定，导致企业的估值结果不大可能偏离真实价值。虽然参照物的选择和参照物不可比因素的价格调整仍然存在有一些盈余操纵空间，但这种操纵是可控范围内的，并不会从根本上改变会计信息的可靠性。因此，第三层次公允价值计量模式运用市场法进行估值并不影响会计信息的可靠性。

在市场机制并不完善、市场化程度不高以及活跃市场中缺乏相同或类似项目的情况下，由于从活跃市场中无法获取可观察输入值，准则允许企业运用内部信息采用收益法进行计量。收益法的可靠性已得到大量经验证据的支持（徐玉德，2009）。运用收益法计量第三层次公允价值可能的盈余操纵空间在于：未来现金流量的估计、折现率的选择和收益期限的确定，相关参数的确定和选择直接影响第三层次公允价值计量信息的可靠性。未来现金流量的估计与确定并非凭空而来，而是基于企业的历史收益信息或经济合同确定的；收益期限的确定则取决于被估值资产的使用年限，一般情况下收益期限来源于法律、契约和合同的规定，由评估师结合被估值资产的损耗情况进行确定。可见，未来现金流量和收益期限的数据、信息是可验证的。折现率是收益法中的重要参数，选择不当将直接影响估值结果的客观性和合理性（王晶等，2011）。折现率一般从市场证据中选择、确定，具体表现为投资者对相同或类似项目的预期投资回报率，评估准则要求评估师充分考虑利率水平、预期收益率、风险水平等因素进行确定，且财务报告准则中要求企业披露折现率的确定与数值。折现率明显地高于或低于相同或类似项目的预期收益率，很容易被财务报告外部使用者发现，外部规制和监管限制了企业管理层调整折现率达到盈余操纵目的的空间。因此，第三层次公允价值计量模式运用收益法进行估值并不影响会计信息的可靠性。

企业运用成本法计量第三层次公允价值时，需要在现时完全重置成本的基础上，扣除各项损耗贬值，其中可能的盈余操纵空间可能在于相同资产的市场报价和资产贬值的确定。重置成本是在现行的市场条件下，重新获取全新状态下的相同资产需要支付的成本，一般情况下，现时完全重置成本数据来源于活跃市场，相关数据信息是公开透明的。资产的贬值包括资产使用损耗引起的贬值、资产内部退化引起的贬值和外部环境引起的贬值。资产使用损耗引起的贬值取决于资产的使用与维护状况，但相关贬值的确定以被估值资产的折旧为基础，损耗形成的折旧计提是有历史会计资料的，是可验证的；资产的内部退化引起的贬值和资产外部环境引起的贬值，在实践运用中，常采用资产的未来收益减少进行折现来计算（王燕、王煦，2010）。成本法下，第三层次公允价值计量的资产或负债建立于历史资料基础之上，相关信息和数据是可验证的。因此，第三层次公允价值计量模式运用成本法进行估值并不影响会计信息的可靠性。

基于此，本书提出如下研究假设H1：

H1a：在其他条件不变的情况下，运用市场法计量第三层次公允价值并不会影响会计信息的可靠性。

H1b：在其他条件不变的情况下，运用收益法计量第三层次公允价值并不会影响会计信息的可靠性。

H1c：在其他条件不变的情况下，运用成本法计量第三层次公允价值并不会影响会计信息的可靠性。

6.1.2 第三层次公允价值计量方法选择与会计信息相关性

会计信息服务于投资者投资决策，会计信息中投资者最为关注的往往是资产的盈利能力，即某项资产能给企业带来的未来收益。

市场法以活跃市场中的相同或类似交易价格作为输入值来源，并针对其中的不可比因素进行价格调整，相关输入值是可观察、可验证的。活跃市场是相关资产和负债实现其价值的场所，交易价格是相关资产和负债价值的外在表现形式，在活跃市场中，相关资产或负债的价值是在供需双方力量达到均衡时的表现（周中胜、窦家春，2011）。因此，基于市场法的第三层次公允价值计量结果易于被投资者所理解和认同，从而具有增量的会计信息相关性。

收益法基于资产的未来收益进行估值，符合投资者的心理预期，容易被投资者所接受（岳公侠等，2011）。同时，运用收益法在计量第三层次公允价值的过程中，充分考虑了被估值资产或负债的潜在风险，能够帮助投资者更好地认知被估值资产或负债。此外，第三层次公允价值计量模式使用收益法进行计量，使得一些无法进入会计核算系统但对企业价值与风险的估计判断有重要影响的经济业务能够进行核算，如果这些项目不能及时地在表内进行反映，将会给投资者带来潜在的风险。一个典型的案例就是20世纪80年代，1 300多家金融机构因大量的金融产品无法被纳入财务报告中而引发金融危机（黄世忠、王肖健，2019）。

因此，收益法的运用能够提高第三层次公允价值计量模式的会计信息相关性。

成本法是从市场参与者（买方）的角度，基于资产的现行重置成本进行的估值，充分考虑了资产使用损耗引起的贬值、资产内部退化引起的贬值和外部环境引起的贬值。虽然资产贬值计量中考虑了潜在的未来收益的损失额，但是并未对资产的未来收益进行评估，从而并未带来增量的价值相关性。

基于此，本书提出如下研究假设H2：

H2a：在其他条件不变的情况下，运用市场法计量第三层次公允价值能提高会计信息的相关性。

H2b：在其他条件不变的情况下，运用收益法计量第三层次公允价值能提高会计信息的相关性。

H2c：在其他条件不变的情况下，运用成本法计量第三层次公允价值并不能显著地提高会计信息的相关性。

6.2 研究设计

6.2.1 样本选择与数据来源

为了研究我国企业第三层次公允价值计量方法对会计信息质量的影响，本章选择2014—2019年沪深两市A股运用了第三层次公允价值计量模式的上市公司为初始样本。

通过巨潮资讯网下载我国上市公司年报，手工整理以第三层次公允价值计量的资产和负债所用的估值技术，上市公司相关数据均来源于国泰安金融数据库（CSMAR）。本书对初始样本观测值依次进行如下处理：①剔除金融行业的样本；②剔除PT和ST特殊处理的样本；③剔除相关财务数据缺失的样本；④为了消除异常值的影响，本章对所有连续变量进行了1%和99%分位的Winsorize缩尾处理。经过筛选，最终获得595个样本观测值。本书使用的统计软件为Stata 15.0和Excel。

6.2.2 第三层次公允价值计量方法的测度

《企业会计准则第39号——公允价值计量》中规定，企业以第三层次公允价值计量相关资产或负债，可使用市场法、收益法和成本法中的一种或多种估值技术。第三层次公允价值计量方法的选择，影响着会计信息质量。

本章借鉴Ettredge et al.（2014）和Goncharov et al.（2014）的研究方法，以当期上市公司是否运用市场法作为计量依据设置市场法（MA）虚拟变量，若上市公司运用了市场法计量第三层次公允价值资产或负债，则MA取值为1，否则取值为0，依此类推，又分别设置了成本法（CA）、收益法（PA）虚拟变量。企业财务报告中披露了具体的计量方法，不同企业对各计量方法的命名并不一致，以下根据各计量方法的特点和性质，本章进行了总结、分类和列示，见表6-1。

表6-1 第三层次公允价值计量方法分类表

计量方法一级指标	计量方法二级指标
市场法	比较法（或上市公司比较法、直接比较法、可比交易法、可比公司市场倍数法）
	折扣法（或市价折价法）
	协议转让价格
	市价调整法
	投资标的市价组合法
收益法	现金流量折现法（或贴现现金流法）
	概率分析法
	期权定价模型
	蒙特卡洛模型
	风险定价模型
	直接资本化法
	权益分配模型（或企业价值分配模型）
	百慕大利率掉期期权模型
成本法	资产基础法
	账面价值法
	账面净资产法
	剩余法（或假设开发法）

数据来源：作者根据巨潮资讯网上市公司财务报告整理所得。

6.2.3 模型设定

为了检验研究假设H1，本章构建了回归模型（6-1）用于检验第三层次公允价值计量方法对会计信息可靠性的影响。根据研究假设H1，本书预期系数α_2的显著性检验没有通过。

$$DA = \alpha_1 + \alpha_2 X + \alpha_3 Control + \varepsilon \quad (6-1)$$

为了检验研究假设H2，本书借鉴Song et al.（2010）、黄继承和盛明泉（2013）、邓永勤等（2015）的研究，构建了回归模型（6-2）用于检验第三层次公允价值计量方法对会计信息相关性的影响。模型中，通过解释变量的估计量β_2是否显著异于零衡量该变量是否具有增量会计信息相关性。根据研究假设H2，本书预期市场法（MA）、收益法（PA）的估计量β_2显著异于零，成本法（CA）的估计量显著性检验没有通过。

$$Value = \beta_1 + \beta_2 X + \beta_3 Control + \delta \quad (6-2)$$

模型（6-1）中的DA表示企业的会计信息可靠性；模型（6-2）中的Value表示企业的价值，以企业市值为代理变量；模型（6-1）和模型（6-2）中的X表示企业第三层次公允价值计量方法向量组，X分别表示3组变量：市场法（MA）、收益法（PA）、成本法（CA），依次利用这3组变量进行面板数据回归分析；Control表示一组控制变量。

6.3 实证分析

6.3.1 描述性统计

表6-2报告了主要变量的描述性统计结果。从表中可以看出，会计信息可靠性（DA）的均值为0.070，中位数为0.040，表明不同企业的会计信息可靠性存在较大的差异，且多数企业的会计信息可靠性高于平均水平。企业价值（Value）的均值为24.460，中位数为24.370，结合企业价值（Value）的最小值（21.430）、最大值（28.230），可看出不同

企业的价值存在较大的差异。市场法（MA）的均值为0.460，表明约有46%的企业运用了市场法计量第三层次公允价值资产和负债；收益法（PA）的均值为0.620，表明约有62%的企业运用了收益法计量第三层次公允价值资产和负债；成本法（CA）的均值为0.260，表明约有26%的企业运用了成本法计量第三层次公允价值资产和负债。对比不同企业计量方法的运用，可发现，企业计量第三层次公允价值资产和负债的主要估值方法是收益法，次之是市场法，而成本法的运用相对较少。

表6-2 **描述性统计结果**

Variable	N	mean	Sd	p25	p50	p75	min	max
DA	595	0.070	0.270	0.020	0.040	0.080	0.000	6.370
Value	595	24.460	1.480	23.320	24.370	25.610	21.430	28.230
MA	595	0.460	0.500	0.000	0.000	1.000	0.000	1.000
PA	595	0.620	0.480	0.000	1.000	1.000	0.000	1.000
CA	595	0.260	0.440	0.000	0.000	1.000	0.000	1.000

数据来源：作者计算所得。

6.3.2 实证结果分析

表6-3报告了第三层次公允价值计量方法与会计信息可靠性、相关性影响的回归结果。

第（1）列为运用市场法计量第三层次公允价值对会计信息可靠性的影响，回归结果显示，MA的估计参数为0.016，但没有通过显著性检验，这表明企业运用市场法计量第三层次公允价值对会计信息可靠性不存在显著的影响，研究假设H1a得到验证，即运用市场法计量第三层次公允价值不会影响会计信息的可靠性。

第（2）列为运用收益法计量第三层次公允价值对会计信息可靠性的影响，回归结果显示，PA的估计参数为-0.037，但没有通过显著性检验，这表明企业运用收益法计量第三层次公允价值对会计信息可靠性不存在显著的影响，研究假设H1b得到验证，即运用收益法计量第三层次公允价值不会影响会计信息的可靠性。

第（3）列为运用成本法计量第三层次公允价值对会计信息可靠性的影响，回归结果显示，CA的估计参数为-0.005，但没有通过显著性检验，这表明企业运用成本法计量第三层次公允价值对会计信息可靠性不存在显著的影响，研究假设H1c得到验证，即运用成本法计量第三层次公允价值不会影响会计信息的可靠性。

第（4）列为运用市场法计量第三层次公允价值对会计信息相关性的影响，回归结果显示，MA的估计参数为0.174，在5%的水平上显著，这表明企业运用市场法计量第三层次公允价值能够带来增量的会计信息相关性。研究假设H2a得到验证，即运用市场法计量第三层次公允价值能带来增量的会计信息相关性。

第（5）列为运用收益法计量第三层次公允价值对会计信息相关性的影响，回归结果显示，PA的估计参数为0.312，在1%的水平上显著，这表明企业运用收益法计量第三层次公允价值能够带来增量的会计信息相关性。研究假设H2b得到验证，即运用收益法计量第三层次公允价值能带来增量的会计信息相关性。

第（6）列为运用成本法计量第三层次公允价值对会计信息相关性的影响，回归结果显示，CA的估计参数为0.059，但没有通过显著性检验，这表明企业运用成本法计量第三层次公允价值，并未带来增量的会计信息相关性。研究假设H2c得到验证，即运用成本法计量第三层次公允价值并不能带来增量的会计信息相关性。

表6-3 **第三层次公允价值计量模式方法与会计信息质量的回归结果**

Variable	(1) DA	(2) DA	(3) DA	(4) Value	(5) Value	(6) Value
MA	0.016			0.174^{**}		
	(0.71)			(2.07)		
PA		-0.037			0.312^{***}	
		(-1.54)			(3.49)	
CA			-0.005			0.059
			(-0.18)			(0.29)
LEV	-0.020	0.087	-0.021	2.475^{***}	2.374^{***}	2.744^{***}
	(-0.28)	(1.34)	(-0.30)	(9.43)	(9.07)	(6.14)

续表

Variable	(1) DA	(2) DA	(3) DA	(4) Value	(5) Value	(6) Value
NS	-0.028**	-0.035***	-0.027**	0.676***	0.684***	0.466***
	(-2.08)	(-2.64)	(-2.02)	(13.62)	(13.96)	(6.17)
DS	-0.007	-0.002	-0.007	0.065***	0.063***	0.036
	(-1.29)	(-0.42)	(-1.29)	(3.22)	(3.13)	(1.32)
TR	0.021	0.182	0.029	-0.055	-0.059	-1.572**
	(0.13)	(1.22)	(0.18)	(-0.09)	(-0.10)	(-2.32)
OI	-0.003***	-0.002**	-0.003***	0.000	-0.000	0.001
	(-2.76)	(-2.58)	(-2.78)	(0.11)	(-0.01)	(0.30)
ROA	-0.096**	-0.077*	-0.094**	0.865***	0.848***	2.671***
	(-2.15)	(-1.70)	(-2.10)	(5.24)	(5.18)	(4.87)
Sep	0.001	0.002	0.001	0.001	0.000	-0.010*
	(0.72)	(1.39)	(0.70)	(0.25)	(0.11)	(-1.73)
Estb	-0.002	-0.003	-0.002	-0.029***	-0.029***	-0.025**
	(-0.88)	(-1.39)	(-0.89)	(-3.79)	(-3.74)	(-2.36)
AT	-0.000	0.000	-0.000	0.000	-0.000	-0.000
	(-1.30)	(0.21)	(-1.34)	(0.19)	(-0.02)	(-0.30)
DTL	0.000	-0.000	0.000	-0.009**	-0.010***	-0.006
	(0.17)	(-0.07)	(0.15)	(-2.45)	(-2.67)	(-1.55)
AQ	-0.001	0.005	-0.002	0.344	0.450	0.643
	(-0.01)	(0.05)	(-0.02)	(0.89)	(1.17)	(0.97)
Industry	Yes	Yes	Yes	Yes	Yes	Yes
Year	Yes	Yes	Yes	Yes	Yes	Yes
cons	0.876***	0.510***	0.874***	15.475***	15.189***	17.473***
	(4.36)	(2.65)	(4.34)	(20.80)	(20.48)	(15.10)
N	595	595	595	595	595	595
R^2	0.119	0.043	0.118	0.587	0.593	0.571
R^2_a	0.085	0.024	0.084	0.571	0.577	0.531
F	3.499	2.192	3.474	36.98	37.84	34.12

注：***、**、*分别为在1%、5%、10%水平上显著；表中数据为各自变量的回归系数，括号内为t值。

数据来源：作者计算所得。

6.4 稳健性检验

6.4.1 关于变量度量误差的稳健性检验

变量测度误差会导致研究结论产生偏误，本书对会计信息可靠性、企业价值、偿债能力、税收负担等关键变量进行了替换，以非绝对值处理的盈余管理程度aDA作为会计信息可靠性DA的替代变量，以不含负债价值的企业总市值EValue作为企业价值Value的替代变量，以权益乘数QY作为偿债能力LEV的替代变量，以流转税率LZ作为税收负担TR的替代变量，以净利润现金含量JX作为营运能力OI的替代变量，以总资产净利润率ROA’作为盈利能力ROA的替代变量，以总资产周转率TAT作为经营能力AT的替代变量。本书采用改变变量测度方式后的变量对前述模型进行稳健性检验，改变变量测度方式的回归结果见表6-4。

表6-4中第（1）列至第（3）列为改变变量测度方式后，第三层次公允价值不同的计量方法对会计信息可靠性的影响。回归结果显示，市场法（MA）、收益法（PA）、成本法（CA）的估计参数分别为0.040、-0.034、-0.020，但均未能通过显著性检验。进一步说明，在现有的规制条件下，企业的第三层次公允价值计量方法选择对会计信息的可靠性并不存在显著的影响，表明前述研究结论是稳健的。

第（4）列至第（6）列为改变变量测度方式后，第三层次公允价值不同的计量方法对会计信息相关性的影响。回归结果显示，市场法（MA）、收益法（PA）的估计参数分别为0.164、0.320，且分别在10%、1%的水平上显著，成本法（CA）的估计参数为-0.146，未能通过显著性检验。进一步说明，运用市场法、收益法计量第三层次公允价值能够提高会计信息相关性，运用成本法计量第三层次公允价值并不能提高会计信息相关性，表明前述研究结论是稳健的。

表6-4　　改变变量测度方式的回归结果

Variable	(1) aDA	(2) aDA	(3) aDA	(4) EValue	(5) EValue	(6) EValue
MA	0.040			0.164*		
	(1.61)			(1.90)		
PA		-0.034			0.320***	
		(-1.29)			(3.48)	
CA			-0.020			-0.146
			(-0.68)			(-0.68)
QY	-0.000	0.002	-0.001	0.333***	0.321***	0.462***
	(-0.02)	(0.18)	(-0.06)	(8.88)	(8.59)	(7.18)
NS	-0.022	-0.018	-0.020	0.793***	0.803***	0.528***
	(-1.50)	(-1.27)	(-1.41)	(15.66)	(16.12)	(6.76)
DS	0.002	0.002	0.002	0.070***	0.068***	0.026
	(0.40)	(0.38)	(0.31)	(3.38)	(3.30)	(0.92)
LZ	-0.262	-0.175	-0.214	-0.263	0.177	-2.308
	(-0.64)	(-0.43)	(-0.52)	(-0.17)	(0.11)	(-1.09)
JX	-0.001**	-0.001**	-0.001**	-0.000	-0.000	-0.002
	(-2.29)	(-2.36)	(-2.37)	(-0.12)	(-0.23)	(-1.13)
ROA'	-0.025	-0.030	-0.035	7.783***	7.917***	6.156***
	(-0.07)	(-0.08)	(-0.09)	(5.93)	(6.08)	(3.07)
Sep	0.002	0.002	0.002	0.003	0.003	-0.005
	(1.36)	(1.36)	(1.29)	(0.66)	(0.60)	(-0.88)
Estb	-0.002	-0.002	-0.001	-0.023***	-0.023***	-0.018
	(-0.68)	(-0.74)	(-0.56)	(-2.76)	(-2.78)	(-1.50)
TAT	-0.040*	-0.039*	-0.038*	0.080	0.085	0.195
	(-1.85)	(-1.79)	(-1.75)	(0.97)	(1.04)	(1.25)
DTL	-0.000	-0.000	-0.000	-0.008	-0.008	-0.005
	(-0.02)	(-0.01)	(-0.06)	(-1.50)	(-1.56)	(-0.85)
AQ	-0.037	-0.051	-0.029	1.127**	1.267**	0.270
	(-0.24)	(-0.33)	(-0.19)	(2.15)	(2.43)	(0.29)
Industry	Yes	Yes	Yes	Yes	Yes	Yes
Year	Yes	Yes	Yes	Yes	Yes	Yes
cons	0.314	0.327	0.314	13.237***	12.830***	16.744***
	(1.29)	(1.33)	(1.28)	(15.34)	(14.92)	(11.96)
N	557	557	557	557	557	557
R^2	0.031	0.029	0.027	0.593	0.600	0.583
R^2_a	0.009	0.008	0.005	0.577	0.583	0.541
F	1.432	1.353	1.250	35.42	36.37	33.83

注：***、**、*分别为在1%、5%、10%水平上显著；表中数据为各自变量的回归系数，括号内为t值。

数据来源：作者计算所得。

6.4.2 考虑选择性偏差的稳健性检验

2014年1月，财政部发布了公允价值具体准则，当年即在所有适用企业会计准则的企业范围内实施。由于第三层次公允价值计量技术具有很强的专业性，短时间内企业可能并未充分掌握相关计量技术，从而可能会产生选择性偏差，进而对研究结论产生偏差。为避免样本选择性偏差，借鉴杜勇等（2017）的研究方法，将样本时间区间从2014—2019年调整为2016—2019年，再次进行多元线性回归检验。稳健性检验结果见表6-5。

表6-5中第（1）列至第（3）列为改变样本时间区间后，不同第三层次公允价值计量方法对会计信息可靠性的影响。回归结果显示，市场法（MA）、收益法（PA）、成本法（CA）的估计参数分别为0.022、-0.037、-0.008，但均未能通过显著性检验。进一步说明，在现有的规制条件下，第三层次公允价值计量方法选择对会计信息的可靠性并不存在显著的影响，表明前述研究结论是稳健的。

表6-5中第（4）列至第（6）列为改变样本时间区间后，不同第三层次公允价值计量方法对会计信息相关性的影响。回归结果显示，市场法（MA）、收益法（PA）的估计参数分别0.199、0.336，且分别在5%、1%的水平上显著，成本法（CA）的估计参数为-0.043，未能通过显著性检验。进一步说明，运用市场法、收益法计量第三层次公允价值能够提高会计信息相关性，运用成本法计量第三层次公允价值并不能提高会计信息相关性，表明前述研究结论是稳健的。

表6-5　　**改变样本时间区间后的回归结果**

Variable	(1) DA	(2) DA	(3) DA	(4) Value	(5) Value	(6) Value
MA	0.022			0.199**		
	(0.88)			(2.22)		
PA		-0.037			0.336***	
		(-1.45)			(3.57)	
CA			-0.008			-0.043
			(-0.30)			(-0.16)

续表

Variable	(1) DA	(2) DA	(3) DA	(4) Value	(5) Value	(6) Value
QY	-0.027	0.073	-0.029	2.515***	2.428***	2.959***
	(-0.36)	(1.02)	(-0.37)	(9.05)	(8.78)	(5.55)
NS	-0.027*	-0.032**	-0.026*	0.694***	0.697***	0.455***
	(-1.83)	(-2.19)	(-1.77)	(12.96)	(13.17)	(4.99)
DS	-0.006	-0.002	-0.005	0.071***	0.071***	0.038
	(-0.90)	(-0.28)	(-0.88)	(3.22)	(3.24)	(1.17)
LZ	0.050	0.197	0.060	-0.216	-0.254	-1.915***
	(0.29)	(1.21)	(0.35)	(-0.34)	(-0.41)	(-2.68)
OI	-0.003***	-0.003**	-0.003***	0.000	-0.000	0.001
	(-2.69)	(-2.44)	(-2.71)	(0.10)	(-0.00)	(0.36)
ROA	-0.095**	-0.077	-0.093*	0.820***	0.801***	3.931***
	(-2.01)	(-1.60)	(-1.96)	(4.80)	(4.72)	(4.55)
Sep	0.001	0.001	0.001	0.003	0.002	-0.008
	(0.64)	(1.13)	(0.62)	(0.56)	(0.52)	(-1.22)
Estb	-0.001	-0.002	-0.001	-0.028***	-0.028***	-0.017
	(-0.58)	(-0.97)	(-0.60)	(-3.38)	(-3.38)	(-1.38)
TAT	-0.000	-0.000	-0.000	0.000	-0.000	-0.000
	(-1.36)	(-0.01)	(-1.41)	(0.21)	(-0.02)	(-0.08)
DTL	0.000	-0.000	0.0000	-0.008**	-0.009**	-0.004
	(0.16)	(-0.05)	(0.11)	(-2.27)	(-2.55)	(-1.04)
AQ	-0.004	0.001	-0.005	0.392	0.511	0.120
	(-0.04)	(0.01)	(-0.04)	(1.00)	(1.31)	(0.17)
Industry	Yes	Yes	Yes	Yes	Yes	Yes
Year	Yes	Yes	Yes	Yes	Yes	Yes
cons	0.929***	0.470**	0.932***	15.411***	15.132***	18.005***
	(4.29)	(2.26)	(4.27)	(19.70)	(19.41)	(13.75)
N	531	531	531	531	531	531
R^2	0.109	0.040	0.108	0.588	0.594	0.597
R^2_a	0.075	0.018	0.073	0.571	0.578	0.549
F	3.133	1.794	3.095	36.33	37.27	22.62

注：***、**、*分别为在1%、5%、10%水平上显著；表中数据为各自变量的回归系数，括号内为t值。

数据来源：作者计算所得。

6.5 进一步研究：CFO专业背景的调节作用

财务会计工作具有很强的专业性（姜付秀等，2016），尤其第三层次公允价值计量模式中需要运用专业的估值模型对相关资产或负债进行估值，需要财务负责人具有一定的专业能力，才能更好地胜任第三层次公允价值计量工作。我们可以合理预期，CFO的专业背景能够显著增强收益法计量第三层次公允价值的会计信息相关性，而市场法所需专业能力较低，CFO并不能显著增强市场法计量第三层次公允价值的会计信息相关性。

由于上节已得出结论，第三层次公允价值计量方法选择并不影响会计信息的可靠性，且运用成本法计量第三层次公允价值并未带来增量的会计信息相关性。因此，本节不对此部分进行调节效应检验，仅针对市场法、收益法与会计信息相关性的关系进行调节效应检验。

借鉴周华等（2017）、李四海等（2017）的研究方法，设置CFO专业背景虚拟变量（CFO）。若CFO具有财务、会计的专业学习背景，则取值为1，否则为0。在模型（6-2）的基础上，我们构建调节项X*CFO，控制变量与模型（6-2）中的控制变量保持一致。回归结果见表6-6。

表6-6第（1）列为CFO专业背景对市场法与会计信息相关性关系的影响。回归结果显示，调节项（MA*CFO）的回归系数为-0.061，显著性检验没有通过，表明CFO的财会专业背景，并不能增强市场法计量第三层次公允价值的会计信息相关性。其中的原因可能是，企业运用市场法计量第三层次公允价值，相关输入值来源于市场，相关信息是可验证、可观察的，CFO的专业能力发挥有限，并不能显著提高市场法的会计信息相关性。

第（2）列为CFO专业背景对收益法与会计信息相关性关系的影响。回归结果显示，调节项（PA*CFO）的回归系数为-0.523，在10%的水平上显著，表明CFO的财会专业背景，能够提高收益法下计量的第三层次公允价值信息的相关性。这一回归结果说明，运用收益法计量第三层次公允价值时，由于估值模型中大量的输入值在主要市场或最有利市场无法获取可靠的定价信息，需要CFO运用专业知识对相关输入值进行确定或调整，而投资者已经知悉CFO的专业背景对运用收益法计量第三层次公允价值结果产生的潜在风险，比如盈余管理风险。总体上来说，CFO的财会专业背景提高了收益法下计量的第三层次公允价值信息的相关性。

表6-6　CFO专业背景的调节效应回归结果

Variable	(1) Value	(2) Value
CFO	-0.303	-0.145
	(-0.76)	(-0.76)
MA	-0.099	
	(-0.26)	
MA*CFO	-0.061	
	(-0.14)	
PA		0.229
		(1.00)
PA*CFO		-0.523*
		(-1.82)
QY	3.182***	3.070***
	(6.35)	(6.27)
NS	0.475***	0.514***
	(5.85)	(6.24)
DS	0.021	0.007
	(0.63)	(0.23)
LZ	-1.582**	-1.242*
	(-2.29)	(-1.77)
OI	0.000	-0.001
	(0.04)	(-0.24)
ROA	2.506***	2.552***
	(4.77)	(4.92)
Sep	-0.012*	-0.014**
	(-1.96)	(-2.18)
Estb	-0.031**	-0.030**
	(-2.36)	(-2.33)

续表

Variable	(1) Value	(2) Value
TAT	−0.000	−0.000
	(−0.74)	(−0.93)
DTL	−0.040**	−0.043**
	(−2.43)	(−2.57)
AQ	0.616	0.511
	(0.67)	(0.56)
cons	17.976***	17.759***
	(12.02)	(12.30)
N	206	206
R^2	0.623	0.630
R^2_a	0.576	0.584
F	13.10	13.49

注：***、**、*分别为在1%、5%、10%水平上显著；表中数据为各自变量的回归系数，括号内为t值。

数据来源：作者计算所得。

6.6 本章小结

本章以2014—2019年沪深两市A股运用了第三层次公允价值计量模式的上市公司为样本，实证检验了第三层次公允价值计量方法对会计信息可靠性和相关性的影响。研究发现，第三层次公允价值计量方法并不影响会计信息的可靠性，且运用市场法、收益法计量第三层次公允价值能够提高会计信息相关性，运用成本法计量第三层次公允价值并不能提高会计信息相关性。通过采用替换变量、改变时间区间等方法，考虑变量度量误差、选择性偏差等问题，本书的研究结论依然稳健。

进一步地，我们研究了CFO专业背景对市场法、收益法与会计信息相关性关系的影响。研究发现，CFO的财会专业背景能够增强运用收益法计量第三层次公允价值会计信息的相关性，而运用市场法计量第三层次公允价值，由于CFO的专业能力发挥有限，并不能显著提高市场法的会计信息相关性。

本书的研究结论说明，在现行的准则规制和外部监管下，企业有目的地选择计量方法进行盈余管理并不可行。同时，投资者对不同的计量方法认同程度不同，投资者更加认同市场法、收益法下计量的第三层次公允价值信息，而对成本法下的计量结果并不认同。第三层次公允价值计量模式运用的推广需要合理选择CFO，来提高会计信息的相关性。

第7章　第三层次公允价值信息披露与会计信息质量

随着市场经济和虚拟经济的发展，在财务会计与财务报告模式中引入公允价值计量，以满足资本市场中理性投资者日益增加的信息需求，为其提供决策相关的财务会计信息，已成为历史潮流。资本市场本质上是一个信息市场，信息是决定上市公司股价或市场价值的最主要的因素，股价体现了所有市场参与者对其所掌握信息的反应（陆蓉、徐龙炳，2004）。信息不对称会导致投资者对上市公司市场价值或股票价格预测产生偏离，而上市公司财务报告披露是资本市场中投资者获取企业信息的最主要途径（徐寿福、徐龙炳，2015）。目前，关于公允价值信息披露的质量问题，尤其第三层次公允价值信息披露质量，在学术界和实务界仍存在不小的争议（孙丽影、杜兴强，2008）。那么，研究第三层次公允价值信息披露充分性是否影响会计信息可靠性、相关性，如何影响会计信息可靠性、相关性，以及第三层次公允价值信息通过何种渠道影响会计信息可靠性、相关性等问题对提高第三层次公允价值信息披露的效益，降低第三层次公允价值信息披露的风险，为投资者决策提供信息支撑具有重要意义。以下将从理论角度分析第三层次公允价值信息披露充分性与会计信息可靠性、相关性的关系，并从实证角度对二者关系进行检验。

7.1 理论分析与研究假设

7.1.1 第三层次公允价值信息披露充分性与会计信息可靠性

当企业相关资产（负债）缺乏可观察的输入值时，就需要企业全部或者部分运用不可观察输入值计量第三层次公允价值。第三层次公允价值计量的非客观性意味着其输入值可能是难以验证的，且一项资产（负债）的输入值可能不是唯一的（孙丽影、杜兴强，2008）。企业管理层是理性人，这种非客观性极易诱发企业管理层运用第三层次公允价值计量模式进行盈余操纵，在不同会计期间转移会计利润，影响会计信息的可靠性。

但是，财政部发布的《企业会计准则第39号——公允价值计量》、证监会发布的《公开发行证券的公司信息披露编报规则第15号——财务报告的一般规定》等文件，从内容和形式上均对第三层次公允价值信息披露进行强制规定，从制度上保障和强化了第三层次公允价值信息披露的充分性。在信息强制性披露的原则下，企业管理层往往被迫编制并披露第三层次公允价值信息。一方面，第三层次公允价值信息的披露在一定程度上能够有效地缓解企业管理层与投资者之间的信息不对称程度，降低道德风险，提高企业管理层的成本和代价，降低企业管理层盈余管理的可能性。另一方面，第三层次公允价值信息披露在一定程度上能够使监管者及时发现内部掠夺行为，并采取严厉的监管和相应的惩处手段，以遏制企业的盈余管理行为。

《企业会计准则——基本准则》中对会计信息可靠性有如下要求："如实反映""会计信息真实可靠""内容完整"。在制度保障和外部监管的约束下，企业财务报告按照准则的要求，基本真实、完整地披露了会计信息。虽然各家企业在第三层次公允价值信息披露的充分性上存在一定的差异，但是基本上均按照准则的要求，进行了如实披露，只是在详细披露、额外披露上存在差异。这种详细披露、额外披露上的差异，并不改变会计信息的本质，即其可靠性。

基于此，本书提出如下研究假设H1：

H1：第三层次公允价值信息披露充分性不会影响会计信息可靠性。

7.1.2 第三层次公允价值信息披露充分性与会计信息相关性

资本市场中理性投资者基于企业的公开信息对企业市场价值或股票价格进行判断，企业市场价值或股票价格在很大程度上取决于企业的信息披露质量（张宗新等，2005）。信息是有成本的，交易费用的存在导致管理层与投资者之间、投资者与投资者之间的信息不对称（翟林瑜，2004）。在不完全信息条件下，在资本市场中的投资者很难利用其已有的信息作出合理预判，对企业的未来价值或现金流量进行合理预估。因此，信息不对称必然影响企业市场价值对其内在价值的反映（徐寿福、徐龙炳，2015）。

在参与市场活动的多方中，企业管理层由于在私有信息和私有判断上的优势（Kolasinski and Li，2010），在信息不对称中往往处于信息优势地位，且企业管理层能够利用信息优势地位实现其在内幕交易、股权激励、外部融资等活动中的私有利益（Cheng and Lo，2006；Heron and Lie，2007）。第三层次公允价值信息披露通过以下三种路径影响会计信息相关性：其一，第三层次公允价值信息披露充分性的提高，在一定程度上能够有效地缓解信息不对称程度，从而为投资者提供更多的有用信息，减少投资者对其他信息的依赖，修正投资者对企业未来现金流量预期的偏差，从而形成企业以内在价值为基础的市场价值。其二，资本市场中的信息不对称会产生逆向选择，从而形成“劣币驱逐良币”现象，为了区别于经营业绩差的企业，经营业绩好的企业往往有动机采取积极信息披露策略（张宗新等，2005），通过披露高质量的第三层次公允价值信息，向资本市场中的理性投资者揭示企业价值，并传递出一种积极的“信号”，实现声誉的提升，而理性投资者能够有效认知这种“信号”，并对此类企业的未来价值充满信心。其三，在决策有用观下，财务报告为投资者决策提供有用信息，且这种有用信息横向上披露数量越多，纵向上披露深度越深，会计信息的相关性就越高。财务报告决策有用的信息观假设资本市场是有效的（李增泉，2017），资本市场会对包括第三层次公允价值信息在内的所有信息作出反应。企业充分披露第三层次公允价值信息后，市场中的理性投资者充分解读相关信息，并以股价的形式及时地反馈到有效市场。因此，第三层次公允价值信息披露的充分性越高，越有利于提高会计信息的相关性。

基于此，本书提出如下研究假设H2：

H2：第三层次公允价值信息披露充分性提高了会计信息相关性。

7.2 研究设计

7.2.1 样本选择与数据来源

为了研究我国企业第三层次公允价值信息披露充分性对会计信息质量的影响，本章选择2014—2019年沪深两市A股运用了第三层次公允价值计量模式的上市公司为初始样本。通过巨潮资讯网下载我国上市公司年报，手工整理以第三层次公允价值计量的项目、金额、估值技术、输入值量化信息、输入值来源、估值流程、期初期末余额调节信息、敏感性分析等信息，上市公司相关数据均来源于国泰安金融数据库(CSMAR)。

本书对初始样本观测值依次进行如下处理：①剔除金融行业的样本；②剔除PT和ST特殊处理的样本；③剔除相关财务数据缺失的样本；④为了消除异常值的影响，本章对所有连续变量进行了1%和99%分位的Winsorize缩尾处理。经过筛选，最终获得1 037个样本观测值。本书使用的统计软件为Stata 15.0和Excel。

7.2.2 第三层次公允价值信息披露充分性的测度

目前，信息披露充分性的评价方法主要有：以功能驱动原理为基础建立的赋权法，主要有德尔菲法、层次分析法；以差异驱动原理为基础建立的赋权法，主要有主成分分析法、熵权法。各方法的优劣分析详见表7-1。

表7-1　　　　信息披露充分性的测度方法

基础原理	方法	构建过程	优点	缺点
功能驱动	德尔菲法（专家调查法）	利用函询方式对所提问题征求专家意见，整理分析后再次匿名反馈给专家征求意见，如此往复循环，直至意见一致	操作简单，能够有效避免地位最高或“声音最大”的人控制群体意志，便于集思广益	主观性强，多人评价时意见难以收敛；易忽视少数人意见，导致结论偏离实际
	层次分析法	将问题分解为不同层次结构，用求解判断矩阵特征变量的方法，求解每一层次各元素对上一层某元素的优先权重，综合出总权重，依次排序	可靠性较高，偏差小；所需定量数据较少	主观性强，定性分析多；指标过多时，权重难以确定
差异驱动	主成分分析法	利用降维思想，通过因子矩阵旋转将多个指标转化为少数指标（主成分），以主成分的方差贡献率作为权重，计算综合评价值	具有客观性，能有效消除各变量间的共线性问题	仅能获取主成分的权重，无法获取各具体指标的客观权重
	熵权法	构建判断矩阵，进行归一化处理，利用信息熵综合得出系统的权重值	具有客观性，常用于评价问题中确定指标权重	所有熵值趋于1时，微小的差异会引起熵权大幅的变化，导致权重出现问题

数据来源：作者根据相关文献整理所得。

在现有信息披露充分性评价的研究方法中，德尔菲法和层次分析法评价指标建立涉及较多的主观判断，易导致评价结果偏离实际，不具有客观性；主成分分析法虽能客观地得出主成分的权重，但各个具体指标的客观权重无法获取。熵权法在评价信息披露质量中，能够有效剔除对结果贡献不足的指标，更适用于本书第三层次公允价值信息披露充分性评价体系中各指标的权重确定。借鉴 Shannon（1948）、郑小荣等（2018）的研究，本书运用熵权法对第三层次公允价值信息披露充分性进行评价。

本书以《企业会计准则第39号——公允价值计量》《公开发行证券的公司信息披露编报规则第15号——财务报告的一般规定》等文件为依据，构建出如下第三层次公允价值信息披露质量评价指标体系，见表7-2。

表7-2 **第三层次公允价值信息披露充分性评价指标体系**

一级指标	二级指标（准则要求的披露）	内容	评分
基础信息	计量项目和金额**（Q1）	以第三层次公允价值计量的项目、估值金额	
估值过程信息	估值技术*（Q2）	计量运用的估值技术及变更信息	
	不可观察输入值量化信息**（Q3）	如折现率、预期收益、风险报酬率等信息	
	输入值来源**（Q4）	输入值使用的参数及参数来源等信息	
	估值流程*（Q5）	计量的估值过程，包括如何决定估值政策、是否定期讨论等信息	
估值结果测试信息	期初余额与期末余额之间的调节信息**（Q6）	计入当期损益（或其他综合收益）的已实现或未实现的利得或损失总额，以及确认这些利得或损失时的损益项目（或其他综合收益项目）	
	敏感性分析*（Q7）	这些输入值和使用的其他不可观察输入值之间具有相关关系的，是否描述这种相关关系及影响	

数据来源：作者根据相关法律法规整理所得。

第三层次公允价值信息披露充分性评价指标体系建立后，根据企业年报中有关第三层次公允价值信息披露情况，对照评价体系进行打分，分数分为1、2、3三档，满分为3分。具体打分规则为：对于描述性项目（在表7-2中以“*”标注），没有披露得1分，有相关披露但仅简单描述得2分，有相关披露且详细描述得3分；对于分析性项目（在表7-2中以“**”标注），没有披露得1分，有相关披露但仅定性或定量描述得2分，有相关披露且定性和定量均描述得3分。

第三层次公允价值信息披露充分性评价指标权重的确定过程具体如下：

第一步，建立第三层次公允价值评价指标值初始矩阵。设被评价企业集S = {s1，s2，…，sm}，第三层次公允价值信息披露指标二级指标集T= {t1，t2，…，tn}，m家被评价企业对应于n个第三层次公允价值信息披露充分性评价指标的指标值（即分数值）构成第三层次公允价值评价指标值初始矩阵X：

$$X = \begin{bmatrix} X_{11} \cdots X_{1n} \\ \vdots \\ X_{m1} \cdots X_{mn} \end{bmatrix}$$

第二步，矩阵无量纲化。对X作无量纲化处理，得到$X' = (X_{ij}')m \times n$，X_{ij}'是第i家被评价企业在第三层次公允价值信息披露二级指标j上的值。具体处理方法如下：

$$X_{ij}' = \begin{cases} \dfrac{X_{ij}}{\max\limits_{j}\{x_i\}} & X_{ij} \in R_1 \quad R_1\text{表示正指标} \\ \dfrac{\max\limits_{j}\{x_i\}}{X_{ij}} & X_{ij} \in R_2 \quad R_2\text{表示反指标} \end{cases}$$

其中，正指标表示值越大越好，反指标则相反。对X_{ij}'进行平移，得到：$X_{ij} = X_{ij}' + 0.1$

第三步，计算第j项评价指标下第i家企业指标值的比重P_{ij}：

$$P_{ij} = \frac{X_{ij}}{\sum_{i=1}^{m} X_{ij}} \quad (i = 1, 2, \cdots, m;\ j = 1, 2, \cdots, n)$$

第四步，计算第j项第三层次公允价值评价指标的熵值E_j：

$$E_j = -\sum_{i=1}^{m} P_{ij} \ln P_{ij} \quad (j = 1, 2, \cdots, n)$$

e_j表示第三层次公允价值评价指标j反映系统信息的多少，得：

$$e_j = \frac{E_j}{\ln m} \quad (j = 1, 2, \cdots, n)$$

第五步，计算第j项第三层次公允价值评价指标的客观权重θ_j：

$$\theta_j = \frac{1 - e_j}{\sum_{j=1}^{n}(1 - e_j)} \quad (j = 1, 2, \cdots, n)$$

第六步，计算第i家企业的第三层次公允价值信息披露熵权评价值QI_i：

$$QI_i = \sum_{j=1}^{n} \theta_j P_{ij} \quad (i = 1, 2, \cdots, m; j = 1, 2, \cdots)$$

经过上述计算过程，最终得出每家企业的第三层次公允价值信息披露充分性指标（QI）。

7.2.3 模型设定

为了检验研究假设H1，本章构建了回归模型（7-1）用于检验第三层次公允价值信息披露充分性对会计信息可靠性的影响。根据研究假设H1，本书预期系数α_2的显著性检验没有通过。

$$DA = \alpha_1 + \alpha_2 QI + \alpha_3 Control + \varepsilon \tag{7-1}$$

为了检验研究假设H2，本书借鉴Song et al.（2010）、黄继承和盛明泉（2013）、邓永勤等（2015）的研究，构建了回归模型（7-2）用于检验第三层次公允价值信息披露充分性对会计信息相关性的影响。模型中，通过解释变量的估计量β_2是否显著异于零衡量该变量是否具有增量会计信息相关性。根据研究假设H2，本书预期系数β_2显著异于零，且符号为正。

$$Value = \beta_1 + \beta_2 QI + \beta_3 Control + \delta \tag{7-2}$$

模型（7-1）中的DA表示企业的会计信息可靠性；模型（7-2）中的Value表示企业的价值，以企业市值为代理变量；模型（7-1）和模型（7-2）中的QI表示企业第三层次公允价值信息披露充分性；Control表示一组控制变量。

7.3 实证分析

7.3.1 描述性统计

表7-3报告了主要变量的描述性统计结果。从表中可以看出，会计信息可靠性（DA）的均值为0.070，中位数为0.040，表明不同企业的会计信息可靠性存在较大的差异，且多数企业的会计信息可靠性高于平均水平。企业价值（Value）的均值为24.22，中位数为24.08，结合企业价值（Value）的最小值（21.23）、最大值（28.23），可看出不同企业的价值存在较大的差异。第三层次公允价值信息披露充分性（QI）的均值为1.550，中位数为1.360，表明不同企业的第三层次公允价值信息披露充分性整体上存在一定的差异，呈现正态分布。从各个二级指标具体分析来看，第三层次公允价值信息计量项目和金额（Q1）和敏感性分析（Q7）的标准差均为0.320，表明在这2个二级指标上，不同企业存在较小的差异；而估值技术（Q2）、不可观察输入值的量化信息（Q3）、输入值来源（Q4）、估值流程（Q5）、期初余额与期末余额之间的调节信息（Q6）的标准差分别为0.710、0.850、0.740、0.460、0.700，表明不同企业在这5个二级指标信息披露充分性上存在较大的差异。

表7-3 **描述性统计结果**

Variable	N	mean	sd	p25	p50	p75	min	max
DA	1 037	0.070	0.240	0.020	0.040	0.080	0.000	6.370
Value	1 037	24.22	1.440	23.12	24.08	25.18	21.23	28.23
QI	1 037	1.550	0.480	1.190	1.360	1.970	1.010	3
Q1	1 037	2.880	0.320	3	3	3	2	3
Q2	1 037	1.770	0.710	1	2	2	1	3
Q3	1 037	1.690	0.850	1	1	3	1	3
Q4	1 037	1.810	0.740	1	2	2	1	3
Q5	1 037	1.160	0.460	1	1	1	1	3
Q6	1 037	1.310	0.700	1	1	1	1	3
Q7	1 037	1.060	0.320	1	1	1	1	3

数据来源：作者计算所得。

7.3.2 实证结果分析

表7-4报告了第三层次公允价值信息披露充分性对会计信息可靠性、相关性影响的回归结果。

表7-4 **第三层次公允价值信息披露充分性与会计信息质量的回归结果**

Variable	(1) DA	(2) Value
QI	-0.008 (-0.56)	0.300*** (4.90)
LEV	-0.000 (-0.00)	2.207*** (12.32)
NS	-0.017** (-2.16)	0.725*** (21.34)
DS	-0.005 (-1.54)	0.063*** (4.29)
TR	0.030 (0.44)	-0.125 (-0.42)
OI	-0.004*** (-12.00)	0.003*** (2.62)
ROA	-0.084*** (-2.84)	0.941*** (7.52)
Sep	0.001 (0.76)	0.002 (0.60)
Estb	-0.001 (-0.53)	-0.022*** (-4.18)
AT	-0.000** (-2.18)	0.000 (0.38)
DTL	-0.000 (-0.59)	-0.000 (-0.32)
AQ	-0.039 (-0.59)	0.141 (0.51)
Industry	Yes	Yes
Year	Yes	Yes
cons	0.727*** (6.03)	14.700*** (28.66)
N	1 037	1037
R^2	0.241	0.612
R^2_a	0.225	0.603
F	14.63	72.57

注：***、**、*分别为在1%、5%、10%水平上显著；表中数据为各自变量的回归系数，括号内为t值。

数据来源：作者计算所得。

第（1）列为第三层次公允价值信息披露充分性对会计信息可靠性的影响，回归结果显示，QI的估计参数为-0.008，但没有通过显著性检验，这表明企业第三层次公允价值信息披露充分性与会计信息可靠性不存在显著的影响关系，研究假设H1得到验证，即第三层次公允价值信息披露充分性不会影响会计信息的可靠性。

第（2）列为第三层次公允价值信息披露充分性对会计信息相关性的影响，回归结果显示，QI的估计参数为0.300，在1%的水平上显著为正，表明第三层次公允价值信息披露具有增量的会计信息相关性，研究假设H2得到证明。这也反映出企业的第三层次公允价值信息披露越充分，资本市场中的理性投资者越能从企业披露的信息中接收到企业传递出的"信号"，将经营业绩优良的企业从经营业绩差的企业中分离出来，从而给予经营业绩优良的企业更高的价值评估。

为了进一步研究清楚第三层次公允价值信息披露中的哪些信息，为资本市场中的理性投资者评估企业内在价值和未来现金流量提供了重要信息（即资本市场中的理性投资者都关注第三层次公允价值中的哪些信息）。本书以下从第三层次公允价值信息披露内容的7个二级指标分别重新进行回归分析。

表7-5报告了第三层次公允价值计量项目与金额信息（Q1）、估值技术（Q2）、不可观察输入值量化信息（Q3）、输入值来源（Q4）、估值流程（Q5）、期初余额与期末余额之间的调节信息（Q6）、敏感性分析（Q7）对会计信息相关性影响的回归结果。

第（1）列为第三层次公允价值计量项目与金额信息对会计信息相关性的影响，回归结果显示，第三层次公允价值计量项目与金额信息（Q1）的估计参数为0.221，在10%的水平上显著为正，表明第三层次公允价值计量项目与金额信息具有增量的会计信息相关性。反映出资本市场中的投资者在估值中，重点关注第三层次公允价值计量项目与金额信息，这些信息的披露能够有效地帮助投资者了解企业以第三层次公允价值计量的资产和负债，为投资者对企业的市场价值与未来现金流量的评估提供了重要的信息支撑。

第（2）列为第三层次公允价值估值技术信息对会计信息相关性的

表 7-5　　**变量回归结果**

Variable	(1) Value	(2) Value	(3) Value	(4) Value	(5) Value	(6) Value	(7) Value
Q1	0.221^{*} (1.85)						
Q2		0.276^{***} (6.27)					
Q3			0.120^{***} (3.54)				
Q4				0.105^{***} (2.66)			
Q5					0.056 (0.86)		
Q6						0.134^{***} (3.12)	
Q7							0.195^{**} (2.15)
LEV	2.220^{***} (12.25)	2.148^{***} (12.04)	2.234^{***} (12.41)	2.231^{***} (12.35)	2.237^{***} (12.35)	2.233^{***} (12.38)	2.213^{***} (12.21)
NS	0.735^{***} (21.30)	0.721^{***} (21.39)	0.738^{***} (21.70)	0.738^{***} (21.60)	0.742^{***} (21.69)	0.731^{***} (21.35)	0.743^{***} (21.79)
DS	0.068^{***} (4.61)	0.064^{***} (4.39)	0.065^{***} (4.38)	0.067^{***} (4.57)	0.068^{***} (4.61)	0.064^{***} (4.31)	0.069^{***} (4.63)
TR	-0.112 (-0.38)	-0.110 (-0.38)	-0.120 (-0.40)	-0.116 (-0.39)	-0.106 (-0.35)	-0.111 (-0.37)	-0.104 (-0.35)
OI	0.004^{***} (2.77)	0.003^{**} (2.30)	0.003^{***} (2.68)	0.004^{***} (2.84)	0.004^{***} (2.84)	0.003^{***} (2.73)	0.004^{***} (2.92)

续表

Variable	(1) Value	(2) Value	(3) Value	(4) Value	(5) Value	(6) Value	(7) Value
ROA	0.942***	0.920***	0.940***	0.942***	0.942***	0.943***	0.957***
	(7.45)	(7.40)	(7.46)	(7.46)	(7.44)	(7.48)	(7.56)
Sep	0.003	0.002	0.002	0.003	0.003	0.002	0.002
	(0.98)	(0.78)	(0.78)	(1.04)	(1.01)	(0.73)	(0.73)
Estb	-0.022***	-0.024***	-0.022***	-0.022***	-0.022***	-0.021***	-0.022***
	(-4.09)	(-4.67)	(-4.22)	(-4.10)	(-4.18)	(-3.97)	(-4.25)
AT	0.000	0.000	0.000	0.000	0.000	0.000	0.000
	(0.55)	(0.51)	(0.64)	(0.50)	(0.58)	(0.31)	(0.36)
DTL	-0.000	-0.000	-0.000	-0.000	-0.000	-0.000	-0.000
	(-0.48)	(-0.34)	(-0.42)	(-0.38)	(-0.50)	(-0.45)	(-0.52)
AQ	0.132	0.184	0.159	0.144	0.118	0.100	0.0820
	(0.47)	(0.67)	(0.57)	(0.52)	(0.42)	(0.36)	(0.29)
Industry	Yes	Yes	Yes	Yes	Yes	Yes	Yes
Year	Yes	Yes	Yes	Yes	Yes	Yes	Yes
cons	14.569***	14.648***	14.808***	14.886***	14.952***	14.932***	14.842***
	(25.95)	(28.79)	(28.76)	(28.90)	(28.93)	(29.08)	(28.61)
N	1037	1037	1037	1037	1037	1037	1037
R^2	0.604	0.617	0.607	0.605	0.603	0.606	0.604
R^2_a	0.595	0.609	0.599	0.597	0.594	0.598	0.596
F	70.22	74.32	71.26	70.64	69.91	70.94	70.35

注：***、**、*分别为在1%、5%、10%水平上显著；表中数据为各自变量的回归系数，括号内为t值。

数据来源：作者计算所得。

影响，回归结果显示，估值技术（Q2）的估计参数为0.276，在1%的水平上显著为正，这表明第三层次公允价值估值技术信息具有增量的会计信息相关性。企业或第三方评估机构在计量中运用了哪种估值技术，对于投资者评估企业第三层次公允价值信息的可靠性具有重要意义，企业在财务报告中披露估值技术信息越详细、越充分，投资者对该企业的信心越足。

第（3）列为第三层次公允价值不可观察输入值量化信息对会计信息相关性的影响，回归结果显示，不可观察输入值量化信息（Q3）的估计参数为0.120，在1%的水平上显著为正，这表明第三层次公允价值不可观察输入值量化信息具有增量的会计信息相关性。企业或第三方评估机构在计量中，不可观察输入值量化信息确定中的主观判断与估计，是投资者对第三层次公允价值信息疑虑的主要因素之一，例如，某企业采用现金流量折现法对其持有的投资性房地产进行第三层次公允价值计量中，预期租金、租金增长率、长期空置率、折现率等不可观察输入值量化信息如何选择、确定，其中的主观裁量权直接影响评估所得的第三层次公允价值金额。为了更接近企业的内在价值，减少评估偏差，投资者会对企业披露的不可观察输入值量化信息给予充分关注。

第（4）列为第三层次公允价值输入值来源信息对会计信息相关性的影响，回归结果显示，输入值来源（Q4）的估计参数为0.105，在1%的水平上显著为正，这表明第三层次公允价值输入值来源信息具有增量的会计信息相关性。第三层次公允价值输入值从何处获取，对于投资者评估企业第三层次公允价值信息的可靠性有重要的影响。一般来说，外部市场的信息比企业内部生成的信息更可靠，外部市场中大型金融机构或声誉较好的企业提供的信息可靠性更高。第三层次公允价值输入值来源信息能够打消投资者对企业会计信息质量的疑虑，投资者对输入值来源信息披露质量高的企业，有着更高的信心。

第（5）列为第三层次公允价值估值流程信息对会计信息相关性的影响，回归结果显示，估值流程（Q5）的估计参数为0.056，但显著性检验没有通过，这表明第三层次公允价值估值流程信息没有带来增量的会计信息相关性。这可能是因为大部分企业并未按照准则的要求，详细披露第三层次公允价值估值流程，例如在财务报告中并未描述如何决定估值政策、是否定期讨论等信息，从而导致投资者对此信息未充分关注。

第（6）列为第三层次公允价值对期初余额与期末余额之间的调节信息对会计信息相关性的影响，回归结果显示，期初余额与期末余额之间的调节信息（Q6）的估计参数为0.134，在1%的水平上显著为正，这表明第三层次公允价值期初余额与期末余额之间的调节信息具有增量的会计信息相关性。在期初余额与期末余额之间的调节信息中，反映了企业以第三层次公允价值计量的资产（负债）在本年度的增减变化，以及由此而形成的公允价值变动的会计处理办法，是计入当期损益，还是计入其他综合收益。相关调节信息的披露，能够帮助投资者及时地了解企业本年度第三层次公允价值变动的具体情况，投资者对此保持了充分关注与分析。

第（7）列为第三层次公允价值敏感性分析信息对会计信息相关性的影响，回归结果显示，敏感性分析（Q7）的估计参数为0.195，在5%的水平上显著，这表明敏感性分析信息具有增量的会计信息相关性。第三层次公允价值敏感性分析，通过替换、调整不同的假设和估计，检验对第三层次公允价值计量结果的影响。第三层次公允价值敏感性分析信息为投资者准确评估企业的风险提供了重要信息，投资者对该信息充分关注。

7.4 稳健性检验

7.4.1 关于变量度量误差的稳健性检验

变量测度误差会导致研究结论产生偏误，本书对会计信息可靠性、企业价值、偿债能力、税收负担等关键变量进行了替换，以非绝对值处理的盈余管理程度aDA作为会计信息可靠性DA的替代变量，以不含负债价值的企业总市值EValue作为企业价值Value的替代变量，以权益乘数QY作为偿债能力LEV的替代变量，以流转税率LZ作为税收负担TR的替代变量，以总资产净利润率ROA’作为盈利能力ROA的替代变量，以总资产周转率TAT作为经营能力AT的替代变量。本书采用改变变量测度方式后的变量对前述模型进行稳健性检验，改变变量测度方式的回归结果见表7-6、表7-7。

表7-6 **改变变量测度方式的回归结果**

Variable	(1) ADA	(2) EValue
QI	-0.010 (-0.61)	0.296*** (4.56)
QY	0.004 (0.65)	0.276*** (10.95)
NS	-0.016* (-1.74)	0.855*** (24.25)
DS	-0.005 (-1.31)	0.075*** (4.84)
LZ	-0.163 (-0.66)	-1.446 (-1.53)
OI	-0.003*** (-8.85)	0.001 (0.55)
ROA'	0.177 (0.72)	6.642*** (7.11)
Sep	-0.000 (-0.16)	0.002 (0.69)
Estb	0.000 (0.03)	-0.016*** (-2.85)
TAT	-0.015 (-1.03)	0.068 (1.24)
DTL	0.002* (1.89)	-0.002 (-0.64)
AQ	0.039 (0.39)	0.607 (1.56)
Industry	Yes	Yes
Year	Yes	Yes
cons	0.458*** (2.87)	12.761*** (20.98)
N	955	955
R^2	0.151	0.609
R^2_a	0.130	0.600
F	7.506	65.95

注：***、**、*分别为在1%、5%、10%水平上显著；表中数据为各自变量的回归系数，括号内为t值。

数据来源：作者计算所得。

表7-7　　改变变量测度方式的回归结果

Variable	(1) Value	(2) Value	(3) Value	(4) Value	(5) Value	(6) Value	(7) Value
Q1	0.382*** (3.04)						
Q2		0.306*** (6.63)					
Q3			0.100*** (2.80)				
Q4				0.105** (2.53)			
Q5					0.055 (0.80)		
Q6						0.125*** (2.80)	
Q7							0.298*** (0.62)
QY	0.279*** (11.02)	0.273*** (10.98)	0.277*** (10.91)	0.278*** (10.97)	0.279*** (10.97)	0.277*** (10.93)	0.278*** (10.99)
NS	0.855*** (23.93)	0.844*** (24.16)	0.869*** (24.61)	0.867*** (24.48)	0.872*** (24.56)	0.861*** (24.22)	0.870*** (24.63)
DS	0.080*** (5.16)	0.074*** (4.85)	0.077*** (4.97)	0.080*** (5.14)	0.081*** (5.18)	0.076*** (4.89)	0.081*** (5.21)
LZ	-1.465 (-1.55)	-1.323 (-1.42)	-1.455 (-1.53)	-1.399 (-1.47)	-1.449 (-1.52)	-1.538 (-1.62)	-1.567* (-1.65)
OI	0.001 (0.83)	0.001 (0.78)	0.001 (0.88)	0.001 (0.87)	0.001 (0.99)	0.001 (0.81)	0.001 (0.49)

续表

Variable	(1) Value	(2) Value	(3) Value	(4) Value	(5) Value	(6) Value	(7) Value
ROA'	6.842***	6.426***	6.644***	6.639***	6.659***	6.689***	6.837***
	(7.26)	(6.96)	(7.06)	(7.05)	(7.05)	(7.11)	(7.25)
Sep	0.003	0.003	0.003	0.004	0.003	0.003	0.002
	(0.90)	(0.84)	(0.82)	(1.06)	(0.96)	(0.77)	(0.63)
Estb	-0.015***	-0.019***	-0.016***	-0.016***	-0.016***	-0.015***	-0.017***
	(-2.69)	(-3.41)	(-2.85)	(-2.78)	(-2.83)	(-2.64)	(-2.95)
TAT	0.057	0.077	0.061	0.063	0.060	0.059	0.056
	(1.03)	(1.42)	(1.11)	(1.14)	(1.08)	(1.08)	(1.01)
DTL	-0.002	-0.003	-0.003	-0.003	-0.003	-0.003	-0.003
	(-0.62)	(-0.79)	(-0.84)	(-0.84)	(-0.95)	(-0.84)	(-0.86)
AQ	0.577	0.662*	0.579	0.589	0.536	0.542	0.511
	(1.48)	(1.73)	(1.48)	(1.51)	(1.37)	(1.39)	(1.31)
Industry	Yes	Yes	Yes	Yes	Yes	Yes	Yes
Year	Yes	Yes	Yes	Yes	Yes	Yes	Yes
cons	12.348***	12.695***	12.935***	12.962***	13.053***	13.027***	12.849***
	(18.84)	(21.17)	(21.18)	(21.23)	(21.30)	(21.41)	(20.93)
N	955	955	955	955	955	955	955
R^2	0.604	0.618	0.603	0.603	0.600	0.603	0.604
R^2_a	0.595	0.609	0.594	0.593	0.591	0.594	0.594
F	64.63	68.58	64.47	64.31	63.65	64.47	64.52

注：***、**、*分别为在1%、5%、10%水平上显著；表中数据为各自变量的回归系数，括号内为t值。

数据来源：作者计算所得。

表7-6为改变变量测度方式后，第三层次公允价值信息披露充分性对会计信息可靠性、会计信息相关性的影响。

其中，第（1）列为改变变量测度方式后，第三层次公允价值信息披露充分性对会计信息可靠性的影响。回归结果显示，QI的估计参数为-0.010，但显著性检验没有通过，进一步说明第三层次公允价值信息披露充分性与会计信息可靠性不存在显著性的影响关系。

第（2）列为改变变量测度方式后，第三层次公允价值信息披露充分性对会计信息相关性的影响。回归结果显示，QI的估计参数为0.296，在1%的水平上显著，进一步说明第三层次公允价值信息披露具有增量的会计信息相关性。与前文研究结论保持一致，进一步证明本书的研究结论是稳健的。

表7-7为改变变量测度方式后，第三层次公允价值计量项目与金额信息（Q1）、估值技术（Q2）、不可观察输入值量化信息（Q3）、输入值来源（Q4）、估值流程（Q5）、期初余额与期末余额之间的调节信息（Q6）、敏感性分析（Q7）对会计信息相关性影响的回归结果。

其中，第（1）列为改变变量测度方式后，第三层次公允价值计量项目与金额信息对会计信息相关性的影响。回归结果显示，第三层次公允价值计量项目与金额信息（Q1）的估计系数为0.382，在1%的水平上显著，进一步说明第三层次公允价值计量项目与金额信息具有增量的会计信息相关性，且第三层次公允价值计量项目与金额信息披露质量越高，投资者对企业的市场价值估值越高。

第（2）列为改变变量测度方式后，第三层次公允价值估值技术信息对会计信息相关性的影响。回归结果显示，估值技术（Q2）的估计参数为0.306，在1%的水平上显著为正，这表明第三层次公允价值估值技术信息具有增量的会计信息相关性，且第三层次公允价值估值技术信息披露质量越高，投资者对企业的市场价值估值越高。

第（3）列为改变变量测度方式后，第三层次公允价值不可观察输入值量化信息对会计信息相关性的影响。回归结果显示，不可观察输入值量化信息（Q3）的估计参数为0.100，在1%的水平上显著为正，这表明第三层次公允价值不可观察输入值量化信息具有增量的会计信息相关性，且第三层次公允价值不可观察输入值量化信息披露质量越高，投资者对企业的市场价值估值越高。

第（4）列为改变变量测度方式后，第三层次公允价值输入值来源信息对会计信息相关性的影响。回归结果显示，输入值来源（Q4）的估计参数为0.105，在5%的水平上显著为正，这表明第三层次公允价值输入值来源信息具有增量的会计信息相关性，且第三层次公允价值输入值来源信息披露质量越高，投资者对企业的市场价值估值越高。

第（5）列为改变变量测度方式后，第三层次公允价值估值流程信息对会计信息相关性的影响。回归结果显示，估值流程（Q5）的估计参数为0.055，但显著性检验没有通过，这表明第三层次公允价值估值流程信息没有带来增量的会计信息相关性。

第（6）列为改变变量测度方式后，第三层次公允价值期初余额与期末余额之间的调节信息对会计信息相关性的影响。回归结果显示，期初余额与期末余额之间的调节信息（Q6）的估计参数为0.125，在1%的水平上显著为正，这表明第三层次公允价值期初余额与期末余额之间的调节信息具有增量的会计信息相关性，且第三层次公允价值期初余额与期末余额之间的调节信息披露质量越高，投资者对企业的市场价值估值越高。

第（7）列为改变变量测度方式后，第三层次公允价值敏感性分析信息对会计信息相关性的影响。回归结果显示，敏感性分析（Q7）的估计参数为0.298，在1%的水平上显著为正，这表明第三层次公允价值敏感性分析信息具有增量的会计信息相关性，且第三层次公允价值敏感性分析信息披露质量越高，投资者对企业的市场价值估值越高。

以上实证研究结果与前文研究结论保持一致，进一步表明本书研究结论是可靠的，实证检验模型是稳健的。

7.4.2 考虑内生性问题的稳健性检验

企业的会计信息质量与第三层次公允价值信息披露充分性的相互作用，相互影响，可能会导致内生性问题的存在，从而影响研究结论的可靠性。对自变量作滞后一期处理，能够很好地减少因变量与自变量之间相互影响带来的内生性问题（陈强，2014）。为了减少内生性的影响，借鉴Custódio & Metzger（2014）、靳庆鲁等（2012）、姜付秀等（2016）的研究，我们对模型中的自变量采用滞后一期处理。稳健性检验结果见表7-8。

表7-8 **第三层次公允价值信息披露充分性滞后一期的回归结果**

Variable	(1) DA	(2) Value
LQI	-0.021 (-1.54)	0.378*** (3.98)
LLEV	0.027 (0.47)	2.616*** (6.45)
LNS	-0.006 (-0.67)	0.597*** (10.14)
LDS	-0.006* (-1.67)	0.046* (1.90)
LTR	-0.039 (-0.19)	1.140 (0.80)
LOI	-0.005*** (-3.68)	0.015 (1.62)
LROA	-0.148 (-1.52)	3.380*** (4.96)
LSep	0.000 (0.02)	-0.007 (-1.24)
LEstb	0.001 (0.41)	-0.034*** (-3.24)
LAT	-0.000 (-0.17)	-0.014 (-1.20)
LDTL	0.000 (0.12)	0.002 (0.16)
LAQ	-0.120 (-1.24)	0.867 (1.28)
Industry	Yes	Yes
Year	Yes	Yes
Cons	0.524*** (3.54)	15.339*** (14.82)
N	320	320
R^2	0.200	0.583
R^2_a	0.144	0.554
F	3.555	19.86

注：***、**、*分别为在1%、5%、10%水平上显著；表中数据为各自变量的回归系数，括号内为t值。

数据来源：作者计算所得。

表7-8为自变量滞后一期处理后，第三层次公允价值信息披露充分性对会计信息可靠性、会计信息相关性的影响。

第（1）列为自变量滞后一期处理后，第三层次公允价值信息披露充分性对会计信息可靠性的影响。回归结果显示，LQI的估计参数为-0.021，但显著性检验没有通过，进一步说明第三层次公允价值信息披露质量与会计信息可靠性不存在显著性的影响关系。

第（2）列为自变量滞后一期处理后，第三层次公允价值信息披露充分性对会计信息相关性的影响。回归结果显示，LQI的估计参数为0.378，在1%的水平上显著，进一步说明第三层次公允价值信息披露质量具有增量的会计信息相关性。

考虑内生性问题后，以上实证研究结果与前文研究结论保持一致，进一步表明本书研究结论是可靠的，实证检验模型是稳健的。

表7-9为自变量滞后一期处理后，第三层次公允价值计量项目与金额信息（Q1）、估值技术（Q2）、不可观察输入值量化信息（Q3）、输入值来源（Q4）、估值流程（Q5）、期初余额与期末余额之间的调节信息（Q6）、敏感性分析（Q7）对会计信息相关性影响的回归结果。

第（1）列为自变量滞后一期处理后，第三层次公允价值计量项目与金额信息对会计信息相关性的影响。回归结果显示，第三层次公允价值计量项目与金额信息（Q1）的估计参数为0.303，在5%的水平上显著，进一步说明第三层次公允价值计量项目与金额信息具有增量的会计信息相关性，且第三层次公允价值计量项目与金额信息披露质量越高，投资者对企业的市场价值估值越高。

第（2）列为自变量滞后一期处理后，第三层次公允价值估值技术信息对会计信息相关性的影响。回归结果显示，估值技术（Q2）的估计参数为0.359，在1%的水平上显著为正，这表明第三层次公允价值估值技术信息具有增量的会计信息相关性，且第三层次公允价值估值技术信息披露质量越高，投资者对企业的市场价值估值越高。

第（3）列为自变量滞后一期处理后，第三层次公允价值不可观察输入值量化信息对会计信息相关性的影响。回归结果显示，不可观察输入值量化信息（Q3）的估计参数为0.156，在1%的水平上显著为正，

表7-9　第三层次公允价值各项目信息披露充分性滞后一期的回归结果

Variable	(1) Value	(2) Value	(3) Value	(4) Value	(5) Value	(6) Value	(7) Value
LQ1	0.303** (2.10)						
LQ2		0.359*** (5.47)					
LQ3			0.156*** (2.74)				
LQ4				0.199*** (2.99)			
LQ5					0.113 (1.30)		
LQ6						0.136* (1.87)	
LQ7							0.325** (2.14)
LLEV	2.637*** (6.37)	2.447*** (6.13)	2.657*** (6.47)	2.693*** (6.57)	2.690*** (6.49)	2.679*** (6.48)	2.654*** (6.42)
LNS	0.599*** (9.85)	0.600*** (10.44)	0.613*** (10.30)	0.604*** (10.13)	0.617*** (10.25)	0.615*** (10.25)	0.639*** (10.66)
LDS	0.052** (2.11)	0.050** (2.12)	0.051** (2.09)	0.054** (2.22)	0.052** (2.11)	0.045* (1.79)	0.056** (2.29)
LTR	1.409 (0.97)	1.218 (0.88)	1.101 (0.76)	1.526 (1.06)	1.113 (0.76)	1.237 (0.85)	1.349 (0.93)
LOI	0.019** (2.05)	0.013 (1.43)	0.017* (1.81)	0.018** (2.01)	0.019** (2.10)	0.016* (1.72)	0.019** (2.11)

续表

Variable	(1) Value	(2) Value	(3) Value	(4) Value	(5) Value	(6) Value	(7) Value
LROA	3.316***	3.013***	3.288***	3.202***	3.204***	3.291***	3.440***
	(4.76)	(4.54)	(4.77)	(4.67)	(4.60)	(4.72)	(4.88)
LSep	-0.005	-0.006	-0.005	-0.005	-0.005	-0.006	-0.006
	(-0.81)	(-1.17)	(-0.97)	(-0.82)	(-0.93)	(-1.03)	(-1.12)
LEstb	-0.037***	-0.037***	-0.037***	-0.036***	-0.036***	-0.034***	-0.037***
	(-3.40)	(-3.59)	(-3.45)	(-3.41)	(-3.34)	(-3.07)	(-3.45)
LAT	-0.012	-0.015	-0.012	-0.014	-0.010	-0.011	-0.011
	(-1.02)	(-1.33)	(-1.02)	(-1.17)	(-0.81)	(-0.96)	(-0.96)
LDTL	-0.001	0.002	-0.002	-0.003	-0.005	-0.003	-0.006
	(-0.05)	(0.13)	(-0.13)	(-0.18)	(-0.30)	(-0.19)	(-0.40)
LAQ	0.777	1.232*	0.892	0.879	0.713	0.673	0.643
	(1.13)	(1.84)	(1.30)	(1.28)	(1.03)	(0.97)	(0.93)
Industry	Yes	Yes	Yes	Yes	Yes	Yes	Yes
Year	Yes	Yes	Yes	Yes	Yes	Yes	Yes
cons	15.339***	14.934***	15.456***	15.586***	15.730***	15.702***	15.332***
	(14.40)	(14.67)	(14.74)	(14.94)	(14.92)	(14.94)	(14.39)
N	320	320	320	320	320	320	320
R^2	0.568	0.601	0.572	0.574	0.564	0.566	0.568
R^2_a	0.537	0.573	0.542	0.544	0.533	0.536	0.537
F	18.63	21.40	18.96	19.12	18.33	18.52	18.65

注：***、**、*分别为在1%、5%、10%水平上显著；表中数据为各自变量的回归系数，括号内为t值。

数据来源：作者计算所得。

这表明第三层次公允价值不可观察输入值量化信息具有增量的会计信息相关性，且第三层次公允价值不可观察输入值量化信息披露质量越高，投资者对企业的市场价值估值越高。

第（4）列为自变量滞后一期处理后，第三层次公允价值输入值来源信息对会计信息相关性的影响。回归结果显示，输入值来源（Q4）的估计参数为0.199，在1%的水平上显著为正，这表明第三层次公允价值输入值来源信息具有增量的会计信息相关性，且第三层次公允价值输入值来源信息披露质量越高，投资者对企业的市场价值估值越高。

第（5）列为自变量滞后一期处理后，第三层次公允价值估值流程信息对会计信息相关性的影响。回归结果显示，估值流程（Q5）的估计参数为0.113，但显著性检验没有通过，这表明第三层次公允价值估值流程信息没有带来增量的会计信息相关性。

第（6）列为自变量滞后一期处理后，第三层次公允价值期初余额与期末余额之间的调节信息对会计信息相关性的影响。回归结果显示，期初余额与期末余额之间的调节信息（Q6）的估计参数为0.136，在10%的水平上显著为正，这表明第三层次公允价值期初余额与期末余额之间的调节信息具有增量的会计信息相关性，且第三层次公允价值期初余额与期末余额之间的调节信息披露质量越高，投资者对企业的市场价值估值越高。

第（7）列为自变量滞后一期处理后，第三层次公允价值敏感性分析信息对会计信息相关性的影响。回归结果显示，敏感性分析（Q7）的估计参数为0.325，在5%的水平上显著为正，这表明第三层次公允价值敏感性分析信息具有增量的会计信息相关性，且第三层次公允价值敏感性分析信息披露质量越高，投资者对企业的市场价值估值越高。

上述实证结果表明，本书得出的研究结论是可靠的。

7.4.3 考虑样本自选择的稳健性检验

考虑样本自选择对研究结果产生的影响，本章加入工具变量进行二阶段最小二乘法（2SLS）回归，借鉴陈志斌等（2017）、黄贤环（2018）、孙武军等（2017）的研究，以第三层次公允价值计量方法的滞后一期作为工具变量进行二阶段最小二乘法（2SLS）回归，以缓解样本自选择对研究结论可能产生的影响。表7-10报告了第三层次公允价值信息披露充分性对会计信息质量（会计信息可靠性、会计信息相关性）的影响。

表7-10 2SLS方法下的回归结果

Variable	(1) DA	(2) Value
QI	-0.024 (-1.48)	0.411*** (3.79)
LEV	0.074 (1.30)	2.814*** (7.46)
NS	-0.006 (-0.59)	0.568*** (9.83)
DS	-0.007** (-2.05)	0.025 (1.11)
TR	-0.033 (-0.36)	-1.220* (-1.91)
OI	-0.001*** (-2.93)	0.005* (1.70)
ROA	-0.047* (-1.94)	1.165*** (5.56)
Sep	-0.000 (-0.50)	-0.007 (-1.41)
Estb	-0.000 (-0.26)	-0.023*** (-2.62)
AT	-0.000** (-1.99)	-0.000 (-0.89)
DTL	-0.000 (-0.25)	-0.003 (-1.13)
AQ	-0.009 (-0.80)	-0.603 (-0.83)
Industry	Yes	Yes
Year	Yes	Yes
cons	0.510*** (3.56)	17.318*** (16.64)
N	320	320
R^2_a	0.146	0.549
Prob（F-statistic）	0.000	0.000

注：***、**、*分别为在1%、5%、10%水平上显著；表中数据为各自变量的回归系数，括号内为t值。

数据来源：作者计算所得。

表7-10为二阶段最小二乘法（2SLS）下，第三层次公允价值信息披露充分性对会计信息可靠性、会计信息相关性的影响。

第（1）列为二阶段最小二乘法（2SLS）下，第三层次公允价值信息披露充分性对会计信息可靠性的影响。回归结果显示，QI的估计参数为-0.024，但显著性检验没有通过，进一步说明第三层次公允价值信息披露质量与会计信息可靠性不存在显著性的影响关系。

第（2）列为二阶段最小二乘法（2SLS）下，第三层次公允价值信息披露充分性对会计信息相关性的影响。回归结果显示，QI的估计参数为0.411，在1%的水平上显著，进一步说明第三层次公允价值信息披露具有增量的会计信息相关性。表明本书的研究结论是稳健的。

表7-11为二阶段最小二乘法（2SLS）下，第三层次公允价值计量项目与金额信息（Q1）、估值技术（Q2）、不可观察输入值量化信息（Q3）、输入值来源（Q4）、估值流程（Q5）、期初余额与期末余额之间的调节信息（Q6）、敏感性分析（Q7）对会计信息相关性影响的回归结果。

第（1）列为二阶段最小二乘法（2SLS）下，第三层次公允价值计量项目与金额信息对会计信息相关性的影响。回归结果显示，第三层次公允价值计量项目与金额信息（Q1）的估计系数为0.379，在10%的水平上显著，进一步说明第三层次公允价值计量项目与金额信息具有增量的会计信息相关性，且第三层次公允价值计量项目与金额信息披露质量越高，投资者对企业的市场价值估值越高。

第（2）列为二阶段最小二乘法（2SLS）下，第三层次公允价值估值技术信息对会计信息相关性的影响。回归结果显示，估值技术（Q2）的估计参数为0.224，在1%的水平上显著为正，这表明第三层次公允价值估值技术信息具有增量的会计信息相关性，且第三层次公允价值估值技术信息披露质量越高，投资者对企业的市场价值估值越高。

第（3）列为二阶段最小二乘法（2SLS）下，第三层次公允价值不可观察输入值量化信息对会计信息相关性的影响。回归结果显示，不可观察输入值量化信息（Q3）的估计参数为0.206，在5%的水平上显著为正，这表明第三层次公允价值不可观察输入值量化信息具有增量的会

表7-11 2SLS方法下的回归结果

Variable	(1) Value	(2) Value	(3) Value	(4) Value	(5) Value	(6) Value	(7) Value
Q1	0.379* (1.85)						
Q2		0.224*** (2.64)					
Q3			0.206** (2.51)				
Q4				0.263*** (2.75)			
Q5					-0.049 (-0.48)		
Q6						0.138* (1.83)	
Q7							0.357* (1.69)
LEV	3.088*** (9.28)	2.588*** (6.91)	2.786*** (7.27)	2.868*** (7.46)	1.329*** (4.28)	2.796*** (7.34)	2.249*** (6.28)
NS	0.566*** (9.48)	0.571*** (10.02)	0.589*** (10.10)	0.569*** (9.66)	0.220*** (4.27)	0.581*** (9.96)	0.595*** (10.16)
DS	0.033 (1.43)	0.019 (0.85)	0.032 (1.38)	0.036 (1.57)	0.036** (2.04)	0.031 (1.34)	0.048** (2.12)
TR	-0.432 (-0.73)	-1.198* (-1.89)	-1.173* (-1.80)	-1.257* (-1.94)	-0.753 (-1.50)	-1.294** (-2.01)	-1.106 (-1.64)
OI	0.005* (1.72)	0.004 (1.26)	0.005 (1.60)	0.006* (1.81)	0.001 (0.21)	0.004 (1.44)	0.007** (2.35)

续表

Variable	(1) Value	(2) Value	(3) Value	(4) Value	(5) Value	(6) Value	(7) Value
ROA	1.152***	1.122***	1.130***	1.167***	0.620***	1.094***	1.175***
	(5.37)	(5.43)	(5.31)	(5.47)	(4.72)	(5.21)	(5.52)
Sep	-0.004	-0.005	-0.005	-0.005	-0.003	-0.005	-0.006
	(-0.70)	(-1.09)	(-1.07)	(-0.96)	(-0.84)	(-1.03)	(-1.11)
Estb	-0.031***	-0.026***	-0.025***	-0.024***	0.000	-0.023**	-0.0150
	(-3.49)	(-2.94)	(-2.79)	(-2.60)	(0.02)	(-2.55)	(-1.55)
AT	-0.000	-0.000	-0.000	-0.000	-0.000	-0.000	-0.000
	(-0.50)	(-0.59)	(-0.49)	(-0.82)	(-0.74)	(-0.86)	(-0.37)
DTL	-0.004	-0.004	-0.004	-0.003	-0.001	-0.004	-0.002
	(-1.32)	(-1.42)	(-1.30)	(-1.00)	(-0.49)	(-1.36)	(-0.78)
AQ	-0.531	-0.166	-0.497	-0.591	0.838***	-0.576	-0.677
	(-0.70)	(-0.23)	(-0.67)	(-0.80)	(14.58)	(-0.78)	(-0.90)
Industry	Yes	Yes	Yes	Yes	Yes	Yes	Yes
Year	Yes	Yes	Yes	Yes	Yes	Yes	Yes
cons	16.636***	16.989***	17.334***	17.374***	9.341***	17.588***	16.768***
	(14.49)	(16.42)	(16.36)	(16.46)	(11.87)	(16.81)	(14.19)
N	320	320	320	320	320	320	320
R^2_a	0.518	0.557	0.535	0.536	0.723	0.543	0.557
Prob（F-statistic）	0.000	0.000	0.000	0.000	0.000	0.000	0.000

注：***、**、*分别为在1%、5%、10%水平上显著；表中数据为各自变量的回归系数，括号内为t值。

数据来源：作者计算所得。

计信息相关性，且第三层次公允价值不可观察输入值量化信息披露质量越高，投资者对企业的市场价值估值越高。

第（4）列为二阶段最小二乘法（2SLS）下，第三层次公允价值输入值来源信息对会计信息相关性的影响。回归结果显示，输入值来源（Q4）的估计参数为0.263，在1%的水平上显著为正，这表明第三层次公允价值输入值来源信息具有增量的会计信息相关性，且第三层次公允价值输入值来源信息披露质量越高，投资者对企业的市场价值估值越高。

第（5）列为二阶段最小二乘法（2SLS）下，第三层次公允价值估值流程信息对会计信息相关性的影响。回归结果显示，估值流程（Q5）的估计参数为-0.049，但显著性检验没有通过，这表明第三层次公允价值估值流程信息没有带来增量的会计信息相关性。

第（6）列为二阶段最小二乘法（2SLS）下，第三层次公允价值期初余额与期末余额之间的调节信息对会计信息相关性的影响。回归结果显示，期初余额与期末余额之间的调节信息（Q6）的估计参数为0.138，在10%的水平上显著为正，这表明第三层次公允价值期初余额与期末余额之间的调节信息具有增量的会计信息相关性，且第三层次公允价值期初余额与期末余额之间的调节信息披露质量越高，投资者对企业的市场价值估值越高。

第（7）列为二阶段最小二乘法（2SLS）下，第三层次公允价值敏感性分析信息对会计信息相关性的影响。回归结果显示，敏感性分析（Q7）的估计参数为0.357，在10%的水平上显著为正，这表明第三层次公允价值敏感性分析信息具有增量的会计信息相关性，且其披露质量越高，投资者对企业的市场价值估值越高。

上述实证结果表明，本书得出的研究结论是可靠的，实证检验模型是稳健的。

7.5 进一步研究：分析师跟踪的调节作用

信息不对称的降低不仅取决于企业所披露信息本身的质量，还取决于分析师的分析与解读（姜付秀等，2016），高质量的分析师预测能够有效地降低信息不对称（Cheng et al.，2014）。根据信息传递流程，上市公司生成第三层次公允价值信息后对外披露，经由分析师的分析、解读，最后将信息传递给资本市场中的投资者。分析师拥有足够的时间和精力，能以较低的成本发掘公司内部的私有信息（Chang et al.，2008），并将其进一步解读，便于投资者理解和使用，能够很好地传播第三层次公允价值信息，有效地降低信息不对称（叶康涛等，2010）。我们可以合理预期，分析师跟踪提高了第三层次公允价值信息披露的会计信息相关性。

由于上节已得出结论，第三层次公允价值信息披露充分性并不影响会计信息的可靠性。因此，本节不对此部分进行调节效应检验，仅针对第三层次公允价值信息披露充分性与会计信息相关性的关系进行调节效应检验。

在分析师跟踪的现有研究中，主要采用以下方法测度分析师跟踪：其一，基于分析师视角。其中，杜兴强和谭雪（2017）、吕敏康和陈晓萍（2018）等从分析师数量构建分析师跟踪指标，代昀昊（2015）等从是否被分析师关注构建分析师跟踪虚拟变量。其二，基于分析机构视角。周开国等（2014）、李春涛等（2016）、伊志宏等（2013）等以发布分析师报告的预测机构数量作为分析师跟踪的替代变量。其三，基于分析报告视角。耿玉成和罗卫国（2018）等以对目标公司发布的分析报告数量作为分析师跟踪的替代变量。具体见表7-12。

表7-12 **分析师跟踪的测度方法**

视角	测度方法（原理）	作者
分析师	以同一年跟踪同一家公司的分析师数量的自然对数表示	杜兴强和谭雪（2017）、吕敏康和陈晓萍（2018）
	以上市公司是否被分析师（券商）关注构造分析师跟踪的虚拟变量	代昀昊（2015）
分析机构	以预测年度对上市公司发布盈余预测报告的预测机构数量表示	周开国等（2014）、李春涛等（2016）、伊志宏等（2013）
分析报告	以分析师对目标公司发布的分析报告数量来测度分析师跟踪	耿玉成和罗卫国（2018）

数据来源：作者根据相关文献整理所得。

上述分析师跟踪测度方法中，同一年度跟踪同一公司的分析师数量测度分析师跟踪运用最为广泛，本节以跟踪分析同一家企业的分析师（团队）数量的自然对数作为分析师跟踪的测度指标。在模型7-2的基础上，我们构建调节项Z*AT，其中Z表示企业第三层次公允价值信息披露向量组，Z分别表示7组变量：第三层次公允价值信息披露充分性（QI）、计量项目与金额信息（Q1）、估值技术（Q2）、不可观察输入值量化信息（Q3）、输入值来源（Q4）、期初余额与期末余额之间的调节信息（Q6）、敏感性分析（Q7），依次利用这7组变量进行面板数据回归分析。回归结果见表7-13。

如表7-13所示，第（1）列报告了分析师跟踪对第三层次公允价值信息披露充分性对会计信息相关性影响的回归结果，同时第（2）-（7）列报告了分析师跟踪对第三层次公允价值项目与金额信息、估值技术、不可观察输入值量化信息、输入值来源、调节信息、敏感性分析对会计信息相关性影响的回归结果。

第（1）列为分析师跟踪对第三层次公允价值信息披露充分性对会计信息相关性的影响。回归结果显示，QI*Analyst的估计参数为-0.012，在1%的水平上显著，这一结果表明，分析师跟踪能够增强第三层次公允价值信息披露的会计信息相关性。分析师的分析与解读，降低了企业与投资者间的信息不对称，能够让投资者回归理性，消除盲目乐观情绪，充分认识企业的内在价值。

第（2）-（7）列为分析师跟踪对第三层次公允价值项目与金额信息（Q1）、估值技术（Q2）、不可观察输入值量化信息（Q3）、输入值来源（Q4）、调节信息（Q6）、敏感性分析（Q7）对会计信息相关性的影响。回归结果显示，Q3*Analyst、Q6*Analyst的回归系数分别为-0.006、-0.006，且分别在1%、5%的水平上显著，表明分析师解读的第三层次公允价值不可观察输入值量化信息、期初余额与期末余额之间的调节信息，由于这些信息均为直观的数值，易于被投资者理解，能够有效地帮助投资者充分了解企业的内在价值，为其投资决策提供了信息支撑；Q1*Analyst、Q2*Analyst、Q4*Analyst、Q7*Analyst的回归系数为-0.011、-0.002、-0.004、0.008，且未通过显著性检验，表明分析

表7-13　　分析师跟踪的调节效应回归结果

Variable	(1) Value	(2) Value	(3) Value	(4) Value	(5) Value	(6) Value	(7) Value
Analyst	0.061***	0.075***	0.047***	0.054***	0.050***	0.051***	0.036***
	(9.01)	(3.51)	(7.99)	(12.16)	(8.99)	(12.49)	(5.05)
QI	0.429***						
	(5.51)						
QI*Analyst	-0.012***						
	(-2.86)						
Q1		0.405***					
		(3.18)					
Q1*Analyst		-0.011					
		(-1.46)					
Q2			0.220***				
			(4.09)				
Q2*Analyst			-0.002				
			(-0.77)				
Q3				0.194***			
				(4.46)			
Q3*Analyst				-0.006***			
				(-2.65)			
Q4					0.203***		
					(4.06)		
Q4*Analyst					-0.004		
					(-1.36)		
Q6						0.209***	
						(3.74)	
Q6*Analyst						-0.006**	
						(-2.33)	
Q7							0.115
							(1.00)
Q7*Analyst							0.008
							(1.18)
LEV	2.206***	2.190***	2.124***	2.218***	2.225***	2.227***	2.167***
	(13.36)	(13.05)	(12.75)	(13.33)	(13.34)	(13.33)	(12.89)

续表

Variable	(1) Value	(2) Value	(3) Value	(4) Value	(5) Value	(6) Value	(7) Value
NS	0.613***	0.603***	0.609***	0.618***	0.613***	0.614***	0.615***
	(21.26)	(20.57)	(21.14)	(21.40)	(21.25)	(21.09)	(21.19)
DS	0.036***	0.042***	0.038***	0.037***	0.039***	0.037***	0.041***
	(3.01)	(3.48)	(3.13)	(3.10)	(3.26)	(3.02)	(3.43)
TR	2.797***	2.950***	2.763***	2.821***	3.011***	2.810***	2.837***
	(4.49)	(4.67)	(4.41)	(4.50)	(4.80)	(4.46)	(4.48)
OI	0.003***	0.003***	0.003***	0.003***	0.003***	0.003***	0.003***
	(3.19)	(3.32)	(3.00)	(3.22)	(3.49)	(3.33)	(3.54)
ROA	0.698***	0.629***	0.581***	0.686***	0.682***	0.648***	0.690***
	(3.46)	(3.07)	(2.86)	(3.36)	(3.34)	(3.17)	(3.33)
Sep	-0.002	-0.001	-0.002	-0.002	-0.001	-0.002	-0.002
	(-0.79)	(-0.53)	(-0.64)	(-0.69)	(-0.32)	(-0.70)	(-0.73)
Estb	-0.014***	-0.014***	-0.016***	-0.014***	-0.015***	-0.014***	-0.016***
	(-3.07)	(-3.07)	(-3.49)	(-3.03)	(-3.11)	(-3.02)	(-3.34)
AT	0.000	0.000	0.000	0.000	0.000	0.000	0.000
	(0.51)	(0.87)	(0.86)	(1.00)	(0.69)	(0.37)	(0.69)
DTL	-0.000	-0.000	-0.000	-0.000	-0.000	-0.000	-0.000
	(-0.35)	(-0.54)	(-0.44)	(-0.45)	(-0.30)	(-0.51)	(-0.56)
AQ	0.022	0.122	0.128	0.097	0.060	0.015	-0.018
	(0.05)	(0.29)	(0.30)	(0.23)	(0.14)	(0.04)	(-0.04)
Industry	Yes	Yes	Yes	Yes	Yes	Yes	Yes
Year	Yes	Yes	Yes	Yes	Yes	Yes	Yes
cons	15.374***	15.065***	15.630***	15.561***	15.720***	15.740***	16.002***
	(26.76)	(23.45)	(27.39)	(27.17)	(27.62)	(27.59)	(27.86)
N	803	803	803	803	803	803	803
R^2	0.754	0.747	0.752	0.750	0.751	0.748	0.746
R^2_a	0.747	0.739	0.744	0.743	0.743	0.740	0.739
F	99.52	95.76	98.31	97.36	97.61	96.35	95.44

注：***、**、*分别为在1%、5%、10%水平上显著；表中数据为各自变量的回归系数，括号内为t值。

数据来源：作者计算所得。

师解读的计量项目与金额信息、估值技术、输入值来源、敏感性分析，并未被投资者所理解，也就不能为投资者投资决策提供信息支撑，其中的原因可能是：一方面计量项目与金额信息、敏感性分析等信息各企业披露情况基本相似，且相关信息较为简单，并不需要分析师，投资者关注且能解读相关信息；另一方面估值技术、输入值来源等信息，需要一定的会计专业能力，才能理解不同的估值技术、输入值来源对会计信息质量产生的影响，然而多数投资者并不具有会计专业能力，分析师解读相关信息后，投资者依然无法理解相关信息。

7.6 本章小结

本章以2014—2019年沪深两市A股上市公司为样本，实证检验了第三层次公允价值信息披露充分性对会计信息可靠性和相关性的影响。研究发现，第三层次公允价值信息披露充分性并不影响会计信息的可靠性，但第三层次公允价值信息披露充分性能够提高会计信息相关性，主要通过第三层次公允价值计量项目与金额信息、估值技术、不可观察输入值量化信息、输入值来源、期初余额与期末余额之间的调节信息、敏感性分析等信息的披露，提高会计信息的相关性。通过采用替换变量、解释变量滞后一期、二阶段最小二乘法（2SLS）等方法，考虑变量度量误差、内生性问题、样本自选择等问题，本书的研究结论依然稳健。

进一步地，我们研究了分析师跟踪对第三层次公允价值信息披露充分性与会计信息相关性关系的影响。研究发现，分析师跟踪能够增强第三层次公允价值信息披露的会计信息相关性，这种会计信息相关性的提高，主要是由分析师解读第三层次公允价值不可观察输入值量化信息、期初余额与期末余额之间的调节信息等信息引起的。分析师解读计量项目与金额信息、估值技术、输入值来源、敏感性分析并未提高第三层次公允价值信息披露的会计信息相关性。

本书的研究结论说明，在现行制度保障和外部监管的约束下，我国A股企业基本真实、完整地披露了会计信息，虽然各家企业在第三层次公允价值信息披露的充分性上存在一定的差异，但是基本上均按照准则的要求，进行了如实披露，只是在详细披露、额外披露上存在差异，这种差异，并不改变会计信息的可靠性。同时，第三层次公允价值信息披露越详细，可为投资者决策提供的有用信息越多。分析师的解读能够进一步地帮助投资者了解企业的真实价值，主要是通过分析师解读第三层次公允价值不可观察输入值量化信息、期初余额与期末余额之间的调节信息等来实现的，这些更易被投资者所理解。

第8章　研究结论与政策建议

8.1　研究总结

综合前文研究内容，以下对本书研究工作进行进一步梳理和总结，同时提出本书的研究结论，为后文有针对性地提出处理第三层次公允价值计量、内外部环境与会计信息质量关系的政策建议提供必要的基础和依据。

8.1.1　研究工作

本书以我国A股上市公司为研究对象，理论分析和实证检验了第三层次公允价值计量模式运用，以及业务外包、运用范围、计量方法、信息披露与会计信息可靠性和会计信息相关性的关系。本书主要工作如下：

（1）比较系统地梳理了关于会计信息质量的内外部影响因素研究、公允价值计量经济后果的相关研究，从而得出研究第三层次公允价值计量、运用环境与会计信息可靠性和会计信息相关性的必要性和创新性。

（2）从巨潮资讯网手工整理上市公司第三层次公允价值计量模式运用信息，从国泰安（CSMAR）等数据库获取2014—2019年上市公司的相关数据，实证检验了第三层次公允价值计量模式运用与会计信息可靠性和会计信息相关性的关系，同时考虑变量度量误差、内生性问题、样本选择偏误等问题，运用替换变量、二阶段最小二乘法（2SLS）和改变样本时间区间等方法进行稳健性检验，得到稳健的研究结论。

（3）从巨潮资讯网手工整理上市公司第三层次公允价值计量业务外包信息，从国泰安（CSMAR）等数据库获取2014—2019年上市公司的相关数据，实证检验了第三层次公允价值计量业务外包与会计信息可靠性和会计信息相关性的关系，同时考虑变量度量误差、内生性问题、样本选择偏误等问题，运用替换变量、二阶段最小二乘法（2SLS）和改变样本时间区间等方法进行稳健性检验，得到稳健的研究结论。进一步地，分组实证检验了企业规模对第三层次公允价值计量模式运用与会计信息可靠性、会计信息相关性关系的调节作用。

（4）从巨潮资讯网手工整理上市公司第三层次公允价值计量模式运用范围信息，从国泰安（CSMAR）等数据库获取2014—2019年上市公司的相关数据，实证检验了第三层次公允价值计量模式运用范围偏离度与会计信息可靠性和会计信息相关性的关系，同时考虑变量度量误差、样本选择偏误等问题后，得到稳健的研究结论。进一步地，实证检验了企业金融化水平对第三层次公允价值计量运用范围偏离度与会计信息相关性关系的调节作用。

（5）从巨潮资讯网手工整理上市公司第三层次公允价值计量方法信息，从国泰安（CSMAR）等数据库获取2014—2019年上市公司的相关数据，实证检验了第三层次公允价值计量方法与会计信息可靠性和会计信息相关性的关系，同时考虑变量度量误差、内生性问题、样本自选择等问题，得到稳健的研究结论。进一步地，实证检验了CFO专业背景对第三层次公允价值计量方法与会计信息相关性关系的调节作用。

（6）从巨潮资讯网手工整理上市公司第三层次公允价值信息披露情况，从国泰安（CSMAR）等数据库获取2014—2019年上市公司的相关数据，实证检验了第三层次公允价值信息披露与会计信息可靠性和会计信息相关性的关系，同时考虑变量度量误差、内生性问题、样本自选择等问题，得到稳健的研究结论。进一步地，实证检验了分析师跟踪对第三层次公允价值信息披露与会计信息相关性关系的调节作用。

8.1.2 研究结论

本书以我国A股上市公司为研究对象，从巨潮资讯网手工整理第三层次公允价值信息的相关数据，其他相关数据主要来源于国泰安数据库（CSMAR），理论分析和实证检验了第三层次公允价值计量模式运用，以及业务外包、运用范围、计量方法、信息披露对会计信息可靠性和会计信息相关性的影响。本书得出以下研究结论：

（1）第三层次公允价值计量模式运用并不影响会计信息的可靠性，而且由于目前单纯运用第三层次公允价值计量模式的情况很少，导致第三层次公允价值计量模式的运用对会计信息相关性的提高作用比较有限，不易观察；在运用第一、二层次公允价值计量模式的企业中，增加运用第三层次公允价值计量模式对会计信息相关性的提高作用更显著。

（2）第三层次公允价值计量业务外包降低了会计信息的可靠性，提高了会计信息的相关性。相对于大型企业，在中型企业中第三层次公允价值计量业务外包对会计信息可靠性的降低作用更显著，且对会计信息相关性的提高作用更显著。

（3）第三层次公允价值计量模式运用范围偏离度并不影响会计信息的可靠性，但第三层次公允价值计量模式运用范围偏离行业平均水平时，会计信息的相关性更高。同时，企业的金融化水平与第三层次公允价值计量模式运用范围相匹配时，会计信息的相关性更高。

（4）第三层次公允价值计量方法选择并不影响会计信息的可靠性，运用市场法、收益法计量第三层次公允价值能够提高会计信息相关性，运用成本法计量第三层次公允价值并不能提高会计信息相关性。同时，CFO的财会专业背景能够增强运用收益法计量第三层次公允价值会计信息的相关性。

（5）第三层次公允价值信息披露充分性并不影响会计信息的可靠

性，但第三层次公允价值信息披露充分性能够提高会计信息相关性，主要通过第三层次公允价值计量项目与金额信息、估值技术、不可观察输入值量化信息、输入值来源、期初余额与期末余额之间的调节信息、敏感性分析等信息的披露，提高会计信息的相关性。同时，分析师跟踪能够增强第三层次公允价值信息披露的会计信息相关性，这种会计信息相关性的提高，主要是由分析师解读第三层次公允价值不可观察输入值量化信息、期初余额与期末余额之间的调节信息等信息引起的。分析师解读计量项目与金额信息、估值技术、输入值来源、敏感性分析等信息并未提高第三层次公允价值信息披露的会计信息相关性。

8.2 政策建议

为了更好地发挥第三层次公允价值计量模式在服务于投资者决策中的作用，本节综合前面章节理论分析与实证研究结论，提出以下政策建议。

8.2.1 积极推广第三层次公允价值计量模式的运用

我国现行监管环境基本保证了第三层次公允价值运用的有效性，不必疑虑第三层次公允价值计量模式应用对会计信息可靠性的损害，应当在加强公允价值运用监管的同时，坚定公允价值特别是第三层次公允价值计量模式运用的信心，大力推广第三层次公允价值的运用，尽可能多地把影响企业价值的交易、事项和情况通过第三层次公允价值计量纳入会计核算系统，以充分发挥会计信息价值相关性的作用。

发达的资本市场带来金融工具和衍生金融工具的创新，在我国社会主义市场经济逐步完善的过程中，应继续深化改革，健全资本市场、产权交易市场、生产资料市场等，规范市场交易，形成有序的、充分竞争的市场环境，构建有效的市场价格形成机制，降低信息不对称程度，减少交易费用，提高信息的透明度，帮助企业会计人员或第三方评估人员以较低的成本，可靠地获取计量中所需的假设和市场参数，降低第三层次公允价值结果的计量误差。

第三层次公允价值计量模式的有效运用，除了需要优化市场环境外，还需要建立有效的监管体系。对于证监会来说，我国证监会应加强对上市公司信息披露质量的检查，提高对企业舞弊行为查处的力度，检查企业是否严格按照会计准则的规定披露第三层次公允价值信息；对于财政部来说，财政部应加大对注册会计师（包括会计师事务所）审计质量的监督检查，以及对企业会计信息质量的检查，同时，完善公允价值计量准则的规定，进一步细化和解释谁来进行计量、在什么范围计量、用什么方法计量、怎么披露等内容；对于资产评估协会来说，资产评估协会应严格监管、治理第三方评估机构，规范第三方评估机构的行为，严厉查处第三方评估机构执业中存在的问题，并开展相关职业培训，提高第三方评估人员的职业道德和专业能力。

8.2.2 建立企业与社会审计组织、资产评估机构的联动协作机制

在市场经济环境下，专业化的第三方评估机构在准则、规章、条例等的规范下，提供现时价值尺度，对于政府监管者、企业所有人、社会公众等利益相关者来说，是一种具有较强公信力的专业咨询机构（徐玉德，2009）。第三方评估机构的加入，使得传统的会计信息责任体系发生了根本性改变，由传统的二元责任体系（会计责任与审计责任）发展为三元责任体系（会计责任、审计责任与评估责任）。企业会计人员对第三层次公允价值计量结果提供保证，社会审计人员对第三层次公允价值审计结论提供保证，资产评估人员对第三层次公允价值评估结果的合理性提供保证。企业管理层通过构建企业会计、社会审计、资产评估联动协作机制，提高第三层次公允价值信息的准确性、可信性和完整性，进而提高社会投资者使用会计信息的信心。

会计信息质量的提高，需要企业与社会审计组织、企业与资产评估机构、社会审计组织与资产评估机构之间的密切配合，良性互动，联动协作，从而实现信息共享，降低其中可能存在的风险；同时，社会审计组织、资产评估机构又要保持其在执业中的独立性。社会审计人员在审计过程中，可以利用资产评估人员的工作成果，对评估过程、结果的合

理性进行评价；资产评估人员可通过社会审计组织向审计客户收取审计费用之外的评估费用，也可独自接受审计客户委托提供评估服务，甚至资产评估人员可在不违反独立性原则的情况下，对审计提供咨询、评估服务。企业与社会审计组织、资产评估机构既密切联动协作，又相互保持独立性，共同为第三层次公允价值计量结果提供保证。

会计人员素质是会计信息质量得到保障的基础，中型企业应加强对会计人员的培训，特别是公允价值计量的相关业务培训，帮助企业会计人员熟悉公允价值具体准则，熟知不同层次公允价值计量的差异，掌握如何选择公允价值计量层次、计量公允价值输入值、运用公允价值估值技术，提高会计人员的专业知识能力和业务处理能力，从第三层次公允价值信息的确认、计量、记录和报告上把控会计信息的质量。此外，外部资产评估机构接受企业委托，进行第三层次公允价值计量，在一定程度上可减少企业内部对第三层次公允价值计量模式运用的不客观性、随意性，提高第三层次公允价值计量的准确性和信息的可信性。目前，欧美国家在第三层次公允价值计量实践中，已不同程度地利用了资产评估机构提供的专业技术服务，我国应大力培育、发展资产评估行业，从制度上明确资产评估人员的责任，充分发挥资产评估机构在第三层次公允价值计量中的作用，有效保障第三层次公允价值计量的准确性、信息披露的规范性，提高会计信息质量。

8.2.3 合理确定第三层次公允价值计量模式运用范围

企业的第三层次公允价值计量模式运用范围偏离行业平均水平时，虽然提高了会计信息的相关性，但是这种会计信息的相关性主要是由于企业的经营风险增大导致的。因此，企业应合理确定第三层次公允价值计量模式运用范围，保证企业的经营风险可控，实现企业的可持续发展。为构筑第三层次公允价值计量模式有效、合理运用的治理与管理机制，可从以下几个方面着手：其一，完善独立董事监督和咨询机制，提高其独立性。独立性是保障第三层次公允价值计量模式有效且合理运用的前提，也是避免第三层次公允价值计量模式成为企业管理层盈余操纵工具的手段。从资产评估机构、管理咨询机构、财经院校等聘请专业的理论研究和实务人员，为上市公司的第三层次公允价值计量模式运用提供监督，必要时可提供专业咨询服务，并以其声誉为其监督结果提供保证。其二，健全监事会机构并保持其独立性。第三层次公允价值计量模式运用经监事会审核后提交股东大会审议，同时，监事会可监督经理层是否存在滥用权力，有选择地扩大或缩小第三层次公允价值计量模式运用范围，以实现其个人利益最大化的情况。其三，完善内部控制机制，加强对企业管理层的管理与约束，避免管理层随意扩大或缩小第三层次公允价值计量模式运用范围。

企业的金融化水平与第三层次公允价值计量模式运用范围相匹配时，会计信息的相关性更高。企业可根据自身的金融化水平，合理确定第三层次公允价值计量模式运用范围，在提高企业经济收益的同时，把控企业的金融风险。企业持有金融资产的目的在于盘活企业的资金，最大化股东价值。企业可在做好主营业务的同时，根据企业的经营和发展战略，有计划、有目的、有组织地经营金融资产，相关金融资产的计量根据输入值是否可观察，在输入值不可观察的情况下，采用第三层次公允价值计量，提高企业的经济收益，控制企业的金融风险。

8.2.4 合理选择第三层次公允价值计量方法和合理选任CFO

企业运用市场法、收益法、成本法估值技术计量第三层次公允价值时，相关估值参数应强调来源于市场，在市场经济有序的环境下，市场信息一般更加公允、可靠，市场法下计量的第三层次公允价值更具有会计信息相关性，在市场法无法可靠计量的情况下，可选择运用收益法对相关资产或负债的未来收益和风险进行估值，在上述两种方法均不可实现的情况下，企业可运用成本法进行计量，以提供相对相关的会计信息。CFO的财会专业背景能够提高企业运用收益法计量第三层次公允价值信息的相关性。企业在选任财务部门负责人时，应结合企业的实际情况，合理选任CFO，充分发挥CFO的专业特长，提高企业的会计信息质量。

在我国目前的经济市场情况下，可观察的相关市场信息较少，使得很多资产或负债项目的公允价值需要采用估值方法进行计量。企业什么情境下该用何种方法计量第三层次公允价值，这是第三层次公允价值计量中面临的一个现实问题。而计量方法是解决该问题的核心，也是切实、广泛运用第三层次公允价值计量模式的关键。具体可从以下方面着手：其一，加强计量方法的理论研究。当下我国对市场法、收益法、成本法的理论研究成果很有限，且公允价值计量准则及相关会计法律法规也均未对市场法、收益法、成本法作出明确的指引或规范。应加强对相关计量方法的理论研究，包括不同计量方法的运用环境、参数的选择、假设的作出等，以提高市场法、收益法、成本法的可操作性。其二，积极研究、借鉴世界各国运用第三层次公允价值计量方法的已有经验，完善我国的第三层次公允价值计量方法。其三，加强对CFO运用第三层次公允价值计量模式的规范性。无论政策、程序、机制设计如何完美，最终还是需要人去完成的，一方面，企业应加强对CFO的监督和管理，进一步健全内部控制机制，完善风险管理体系。通过健全内部控制机制和风险管理体系，以保证运用第三层次公允价值计量模式时，能够实现与其风险管理框架相一致的风险管理目标，保持第三层次公允价值计量方法及政策规定在企业中的一致性，定期向董事会、监事会提供信息，反映企业第三层次公允价值计量方法的使用情况。另一方面，国家应加强对CFO、会计、评估师等人员的培训和教育，提高其专业能力和职业道德水平，建立会计、审计、评估的诚信体系，既要充分发挥CFO的专业能力，又要防止CFO利用其专业优势进行盈余操纵。

8.2.5 提高第三层次公允价值信息披露的规范性、充分性、完整性

准则要求企业披露以第三层次公允价值计量的项目与金额信息、估值技术、不可观察输入值量化信息、输入值来源、估值流程、期初期末余额调节信息、敏感性分析等，但是不同企业在披露的规范性、充分性、完整性等方面存在较大的差异。企业应完善第三层次公允价值信息披露机制，进一步强化第三层次公允价值信息披露的规范性、充分性、完整性，确保第三层次公允价值信息更好地服务于投资者决策。

分析师跟踪能够增强第三层次公允价值信息披露的会计信息相关

性，但是，分析师解读计量项目与金额信息、估值技术、输入值来源、敏感性分析并未增强第三层次公允价值信息披露的会计信息相关性，主要是由于分析师解读的计量项目与金额信息、估值技术、输入值来源、敏感性分析等信息的可理解性较低。企业应充分发挥分析师的分析解读作用，降低企业与投资者间的信息不对称。同时，企业可针对估值技术、输入值来源披露更多的信息，提高相关信息的可读性、可理解性，帮助更多的投资者理解和解读第三层次公允价值不同的计量技术和输入值来源产生的影响。

8.3 研究局限与展望

本书以我国A股上市公司为研究对象，从巨潮资讯网手工整理第三层次公允价值信息的相关数据，其他相关数据主要来源于国泰安数据库(CSMAR)，理论分析和实证检验了第三层次公允价值计量模式运用，以及业务外包、运用范围、计量方法、信息披露与会计信息可靠性和会计信息相关性的关系。同时，实证检验了企业规模、金融化水平、CFO专业背景、分析师跟踪对第三层次公允价值计量特征与会计信息可靠性、会计信息相关性的影响。研究结论具有一定的理论研究意义和现实研究价值，但囿于数据的获取成本、个人能力和时间等，还有许多问题需要在后续研究中不断完善。

8.3.1 关于第三层次公允价值计量模式运用范围的测度

第三层次公允价值计量模式在企业核算业务中运用范围如何，是否严格遵守准则规范进行适当运用？对于研究第三层次公允价值计量模式运用有效性具有重要的研究意义。目前，关于第三层次公允价值计量模式运用范围测度研究，多以第三层次公允价值计量的资产或负债在公允价值总体资产或负债的数额占比作为替代变量，本书以企业第三层次公允价值计量的资产和负债总额偏离行业平均水平程度作为替代变量。虽然第三层次公允价值计量模式运用范围偏离度在一定程度上能够有效解决第三层次公允价值计量金额占比在行业之间不可比的不足，但是指标设计的有效性、科学性等方面仍存在一定的不足。因此，在条件允许的情况下，可从业务数量、计量金额等多维度对第三层次公允价值计量模式运用范围进行测度。

8.3.2 关于第三层次公允价值计量数据的限制

随着金融创新和业务创新，传统历史成本计量已无法满足现代需求，为将相关业务纳入会计信息系统，公允价值计量模式运用范围会越来越广，许多无法从市场中获取报价或重置成本无法获取的业务，需要采用第三层次公允价值进行估值计量。由于现有财务报告和数据库中尚未披露或仅少量企业披露了第三层次公允价值计量业务外包程度、第三层次公允价值计量模式运用范围谨慎性、第三层次公允价值变动损益数额大小和列报位置等数据信息，相关研究无法进行。因此，在今后数据允许的情况下，可进一步研究第三层次公允价值计量业务外包程度、第三层次公允价值运用范围谨慎性、第三层次公允价值变动损益数额大小和列报位置对会计信息质量的影响。

8.3.3 关于第三层次公允价值计量模式与真实盈余管理的关系

研究结论表明，第三层次公允价值计量模式并不影响应计盈余管理。但蔡利、唐嘉尉、蔡春（2018）研究发现企业管理层运用公允价值计量模式进行应计盈余管理的空间较小，倾向扩大公允价值计量模式运用的程度和范围进行真实盈余管理。因此，在今后的研究中，可从真实盈余管理的视角，进一步研究第三层次公允价值计量模式运用、业务外包、运用范围、计量方法、信息披露与真实盈余管理之间的关系，以发现第三层次公允价值计量模式影响真实盈余管理的路径和机理。

主要参考文献

[1] MAGNAN M, MENINI A, PARBONETTI A. Fair value accounting: Information or confusion for financial markets? [J]. Review of Accounting Studies, 2015, 20 (1): 559-591.

[2] GOH B W, LI D, NG J, et al. Market pricing of banks' fair value assets reported under SFAS 157 since the 2008 financial crisis [J]. Social Science Electronic Publishing, 2015, 34 (2): 129-145.

[3] ETTREDGE M L, XU Y, YI H S. Fair value measurents and audit fees: Evidence from the banking industry [J]. Auditing: A Journal of Practice & Theory. 2014, 33 (3): 33-58.

[4] GONCHAROV I, RIEDL E J, SELLHOM T. Fair value and audit fees [J]. Review of Accounting Studies. 2014, 19 (1): 210-241.

[5] RIEDL E J, SERAFEIM G. Information risk and fair values: An examination of equity betas [J]. Journal of Accounting Research, 2011, 49 (4): 1083-1122.

[6] LAUX C, LEUZ C. Did fair-value accounting contribute to the financial crisiS? [J]. Journal of Economic Perspectpectives, 2010, 24 (1): 93-118.

[7] DECHOW P M , MYERS, L A, SHAKESPEARE C. Fair value accounting

and gains from asset securitizations: A convenient earnings management tool with compensation side - benefits [J]. Journal of Accounting and Economics, 2010, 49 (1~2) : 2-25.

[8] NELLESSEN T, ZUELCH H. The reliability of investment property fair values under IFRS [J]. Journal of Property Investment & Finance, 2010, 29 (1): 59-73.

[9] SONG, CHANG JOON, THOMAS, et al. Value relevance of FAS 157 fair value hierarchy information and the impact of corporate governance mechanisms [J]. Social Science Electronic Publishing, 2010.

[10] RYAN S G. Accounting in and for the suhprime Crisis [J]. Accounting Review, 2008 (83): 1605-1638.

[11] RICHARD D, MARY S, KARL A M. The reliability of investment property fair value estimates [J]. Journal of Accounting and Economics , 2000, 30 (2): 125-145.

[12] 王晨嫣，张先治．公允价值分层计量如何影响内部代理成本：信息效应还是激励效应 [J]．商业研究，2020 (5): 44-54.

[13] 王志伟，刘正华．公允价值计量负债“反直觉”吗? [J]．中国注册会计师，2020 (4): 37-42.

[14] 张媛媛．新金融工具准则对公允价值变动价值相关性的影响研究 [J]．中国注册会计师，2019 (10): 21-26.

[15] 朱朝晖，张鲁光．信息披露与资本市场定价问题研究——基于公允价值、盈余透明度因素的考量 [J]．价格理论与实践，2019 (4): 104-107.

[16] 周宏，何剑波，赵若瑜，等．投资性房地产公允价值计量模式对企业债务融资风险的影响——基于2009—2016年我国A股房地产上市公司数据的实证检验 [J]．会计研究，2019 (5): 42-50.

[17] 黄世忠，王肖健．公允价值会计的历史沿革及其推动因素 [J]．财会月刊，2019 (2): 3-11.

[18] 吴秋生，田峰．第三层次公允价值运用与会计信息质量 [J]．山西财经大学学报，2018, 40 (6): 101-112.

[19] 张国华，曲晓辉．市场环境、公允价值输入值层次及估值技术 [J]．会计之友，2018 (4): 7-10.

[20] 钱爱民，朱大鹏．公允价值计量增加了审计收费吗?——以投资性房地产后续计量模式选择为例 [J]．财经论丛，2018 (1): 59-69.

[21] 郝玉贵，贺广宜，李昀泽．大数据战略与公允价值分层计量的价值相关性——基于中国金融业的实证研究 [J]．审计与经济研究，2018, 33

(1): 81-92.
[22] 杨书怀. 公允价值分层计量、环境不确定性与审计质量 [J]. 审计研究, 2018 (2): 104-112.
[23] 蔡利, 唐嘉尉, 蔡春. 公允价值计量、盈余管理与审计师应对策略 [J]. 会计研究, 2018 (11) : 85-91.
[24] 吴秋生, 郭檬楠, 张小芳. 真实盈余管理与应计盈余管理关系研究——基于现阶段我国企业所处环境的互动效应视角 [J]. 南京审计大学学报, 2018, 15 (1): 87-96.
[25] 黄霖华, 曲晓辉, 万鹏, 等. 公允价值计量、投资者情绪与会计信息决策有用性 [J]. 当代财经, 2017 (10): 111-121.
[26] 冉丹. 公允价值分层披露、信息不对称与公司治理 [D]. 长春: 吉林大学, 2016.
[27] 邓娜. 新会计准则下公允价值波动的市场反应分析——基于功能锁定理论研究假设 [J]. 中国注册会计师, 2016 (5): 73-77.
[28] 尹宗成, 马梦醒. 公允价值分层计量与股价相关性研究——来自沪深A股金融类上市公司金融资产的分析 [J]. 经济问题, 2016 (9): 107-111.
[29] 张淑惠, 罗孟旎. 公司特征、公允价值与审计收费——基于我国深沪两市上市公司的实证分析 [J]. 商业研究, 2016 (1): 108-116.
[30] 田峰, 吴秋生. EVA考核对国企会计信息真实性影响研究——基于国家持股的视角 [J]. 会计之友, 2016 (17): 60-64.
[31] 邓永勤, 康丽丽. 中国金融业公允价值层次信息价值相关性的经验证据 [J]. 会计研究, 2015 (4): 3-10+95.
[32] 毛新述, 梅曦, 朱琳. 银行业审慎监管、公允价值计量与财务报告稳健性 [J]. 财贸经济, 2015 (7): 70-80.
[33] 曹丹妮, 于永生. 公允价值计量主观性溯源——基于心理学视角 [J]. 财会研究, 2015 (9): 20-22+29.
[34] 李增福, 黎惠玲, 连玉君. 公允价值变动列报的市场反应——来自中国上市公司的经验证据 [J]. 会计研究, 2013 (10): 13-19+96.
[35] 徐经长, 曾雪云. 综合收益呈报方式与公允价值信息含量——基于可供出售金融资产的研究 [J]. 会计研究, 2013 (1): 20-27+95.
[36] 胡奕明, 刘奕均. 公允价值会计与市场波动 [J]. 会计研究, 2012 (6): 12-18+92.
[37] 王仲兵. 公允价值解析与应用 [M]. 北京: 经济科学出版社, 2011.
[38] 胡庭清, 谢诗芬. 非活跃市场环境下公允价值计量相关问题研究 [J]. 当代财经, 2011 (7): 110-121.

［39］ 支晓强，童盼．公允价值计量的逻辑基础和价值基础［J］．会计研究，2010（1）：21-27+95.

［40］ 盛明泉．金融稳定视角下我国公允价值会计应用研究［M］．北京：经济科学出版社，2011.

［41］ 徐玉德．公允价值计量理论与实务［M］．北京：商务印书馆，2009.

［42］ 孙丽影，杜兴强．公允价值信息披露的管制安排［J］．会计研究，2008（11）：29-34+97.

索引